Milarepas gesammelte Vajra-Lieder

Bibliographische Information der Deutschen Bibliothek
Die Deutsche Bibliothek verzeichnet diese Publikation in der Deutschen Nationalbibliografie; detaillierte bibliografische Daten sind im Internet über http://dnb.ddb.de abrufbar

ISBN: 978-3-944885-03-2

2. Auflage 2017

www.norbu-verlag.de

Übersetzung ins Deutsche: Henrik Havlat
Umschlaggestaltung und Satz: Gerd Pickshaus
Lektorat: Ursula Richard u. a.

Coverfotos:
Bergpanorama: Kanchenjunga © Robert Lehner
Thangka Milarepa, dem 10. Karmapa Tschöying Dordje (1604–1674) zugeschrieben
Farbpigmente auf Seide (H: 49 cm, B: 34 cm)
Tibet 17. Jahrhundert | Alain Bordier Stiftung Gruyères (ABP 011)
Photo: Christian Murtin © Fondation Alain Bordier
Abdruck mit freundlicher Genehmigung

Druck: Steinmeier GmbH & Co.KG, Deiningen.

Gedruckt auf alterungsbeständigem, säurefreiem Papier aus chlorfrei gebleichtem Zellstoff

Mila'i mGur 'bum

Milarepas gesammelte Vajra-Lieder

Niedergeschrieben
von Tsang Nyön Heruka

Band 1

Aus dem Tibetischen übersetzt
von Henrik Havlat

NORBU VERLAG

Dieser Text heißt auf Tibetisch:

།རྗེ་བཙུན་མི་ལ་རས་པའི་རྣམ་ཐར་རྒྱས་པར་ཕྱེ་བ་
མགུར་འབུམ་ཞེས་བྱ་བ་བཞུགས་སོ།

Auf Deutsch:

Die gesammelten Vajra-Lieder,
eine Erweiterung der Lebensgeschichte
des Djetsün Milarepa

Bekannt unter dem Kurztitel:

།མི་ལའི་མགུར་འབུམ།

Milarepas gesammelte Vajra-Lieder

Inhalt

7 Wie Milarepa von Geistern herausgefordert wurde und sie an einen Eid band

9 Sechs Erinnerungen an den Lama
19 Ankunft am Latschi
32 Das Lied vom Schnee
49 Die Dämonin vom Lingwa-Felsen
68 Aufenthalt in Ragma
77 Die Himmelsfestung von Kyang-pen
82 In den Schneebergen von Yolmo
97 Wie Göttermädchen in Taubengestalt Gaben darbringen

106 Milarepas große Herzensschüler

107 Die Vajra-Festung des Grauen Felsen
116 Die Begegnung mit dem Herzensschüler Retschungpa in der Seidenhöhle
124 Das Treffen mit Tsapu Repa in der Höhle des Strahlenden Lichts
129 Das Treffen mit Sangye Kyab bei der Rückkehr nach Ragma
141 Wie Tönpa Shakyaguna in der Magengrotte zu Nyanang zum Schüler wurde
147 Das Treffen mit der Schülerin Padarbum
163 Das Treffen mit Seban Repa in der Herberge des Gara Katsche
171 Das Treffen mit Drigom Repa am Berg Schri
174 An der Silberquelle mit Repa Schiwa Ö
209 Über den Rohrstock und das Treffen mit Ngendzong Tönpa
221 Das Treffen mit Dampa Gyagpuwa
224 Das Treffen mit Khartschung Repa
230 Das Treffen mit Darma Wangtschug
239 Wie Naro Bön-tschung am Berg Tise besiegt wurde

251 Glossar

Wie Milarepa von Geistern herausgefordert wurde und sie an einen Eid band

Sechs Erinnerungen an den Lama

NAMO GURU. Meister Milarepa, der machtvolle Yogi, hielt sich in der Garuda-Festung von Tschong Lung auf und verweilte in der leuchtend klaren Weite von Mahamudra.

Eines Tages erhob er sich und wollte eine Mahlzeit zubereiten, doch war weder Holz vorhanden, noch waren Feuer und Wasser in der Feuerstelle, ganz zu schweigen von Röstmehl, Salz und anderen Zutaten. »Ich habe diese Dinge zu sehr vernachlässigt, ich muss Holz sammeln gehen«, dachte er und machte sich auf den Weg. Kaum hatte er einige Zweige aufgelesen, kam plötzlich ein Sturm auf, der ihm das Holz entriss, wenn er seinen Baumwollschal festhielt, und den Schal davontrug, wenn er das Holz festhielt.

»Obwohl ich nun schon so lange in der Bergwildnis lebe, habe ich noch immer nicht mein Haften am Selbst überwunden! Was nützt die Dharma-Praxis, wenn dadurch dieses Haften nicht überwunden wird«, überlegte er. »Wenn du den Schal willst, nimm ihn, wenn du das Holz willst, nimm es!« rief er, ließ beides im Geiste los und setzte sich nieder. Kärglich ernährt, wie er war, verlor er im kalten Sturmwind für einen Augenblick das Bewusstsein.

Als er wieder zu sich kam, hatte sich der Wind gelegt, und sein Schal flatterte an einem Baumwipfel. Die Sinnlosigkeit des Samsara klar vor Augen, setzte er sich auf einen Felsbrocken, der einem toten Schaf glich. Nachdem er eine Weile meditiert hatte, zog im Osten, in der Richtung von Drowo Lung, eine weiße Wolke auf.

»Unter der Wolke dort drüben liegt der Tempel von Drowo Lung, wo einst mein Lama, Marpa der Übersetzer, lebte«, sinnierte er und erinnerte sich daran, wie der Lama, umgeben von seiner Frau und den Vajra-Brüdern, die Tantras erklärt und Ermächtigungen und Belehrungen gegeben hatte. »Wäre er noch am Leben, würde ich ihn besuchen – komme, was wolle.« Die lebendige Erinnerung an seinen Lama verstärkte seine Verehrung für ihn und seinen Überdruss an Samsara. Während seine Tränen reichlich flossen, sang er hingebungsvoll dieses sehnsüchtige Lied der sechs Erinnerungen an den Lama:

»Verehrter Marpa, mein Vater,
wenn ich an dich denke, vergeht mein Schmerz.
Meister Marpa, ich Bettler muss dir jetzt dieses sehnsüchtige
Lied singen!

Östlich des Roten Felsens von Tschong Lung
ziehen weiße Wolken auf.
Unter jenen weißen Wolken, die dort schweben,
vor den hinteren Gebirgszügen, die sich gleich einem
Elefanten erheben,
strecken sich die Vorhügel einem mächtigen Löwen gleich.
Dort, im Tempel von Drowo Lung, dem Ort der Kraft,
auf einem Thron aus Amonig-Gestein[1],
mit schwarzer Antilopenhaut als Sitz,
wer ist es, der dort weilte?

Marpa der Übersetzer lebte dort.
Wie froh wäre ich, wenn er jetzt noch lebte.
Obwohl meine Hingabe gering ist, wünsche ich mir, dich
zu sehen;
wenngleich mein Vertrauen gering ist, möchte ich dich treffen.
In Gedanken erinnere ich mich an den vollkommenen Lama.
Beim Meditieren denke ich an dich, Marpa Lotsa.

Damema[2], du umsorgtest mich mütterlicher als meine eigene
Mutter.
Wie froh wäre ich, wenn du jetzt dort wärest.
Obwohl es eine weite Reise ist, wünsche ich mir, dich zu sehen;
wenngleich der Weg schwierig ist, möchte ich dich treffen.

1 Vierkantiges, schwarzes Gestein, das hauptsächlich in Lhodrag vorkommt.
2 Marpas Frau.

In Gedanken erinnere ich mich an den vollkommenen Lama.
Beim Meditieren denke ich an dich, Marpa Lotsa.

Wie froh wäre ich, wenn du jetzt
das tiefgründige Hevajra-Tantra lehrtest.
Wenngleich ich nicht sehr klug bin, wünsche ich, es zu begreifen;
auch wenn mein Verstand begrenzt ist, möchte ich es rezitieren.
In Gedanken erinnere ich mich an den vollkommenen Lama.
Beim Meditieren denke ich an dich, Marpa Lotsa.

Wie froh wäre ich, wenn du jetzt
die vier Ermächtigungen
der mündlichen Überlieferung gewährtest.
Obwohl ich wenig zu geben habe, wünsche ich, sie zu erhalten;
wenngleich ich kein Geschenk für die Ermächtigung habe,
möchte ich sie empfangen.
In Gedanken erinnere ich mich an den vollkommenen Lama.
Beim Meditieren denke ich an dich, Marpa Lotsa.

Wie froh wäre ich, wenn du jetzt die tiefgründigen Unterweisungen
über die sechs Yogas des Naropa gewährtest.
Wenngleich ich nicht sehr standfest bin, möchte ich sie erhalten;
auch wenn ich wenig Ausdauer beim Meditieren habe, möchte ich sie praktizieren.
In Gedanken erinnere ich mich an den vollkommenen Lama.
Beim Meditieren denke ich an dich, Marpa Lotsa.

Welche Freude, wenn jetzt die hingebungsvollen
Vajra-Brüder aus Ü und Tsang dort versammelt wären.
Wenngleich meine Erfahrungen und Erkenntnisse erbärmlich sind,
wünsche ich mir, sie mit den ihren zu vergleichen;
wenn mein Verständnis auch armselig ist,

möchte ich es mit dem ihren messen.
In Gedanken erinnere ich mich an den vollkommenen Lama.
Beim Meditieren denke ich an dich, Marpa Lotsa.

Wenngleich ich Bettler in meiner Hingabe untrennbar
von dir bin,
denke ich von ganzem Herzen an dich, meinen Lama.
Unerträglich plagt mich die Sehnsucht,
mir stockt der Atem, mir versagt die Stimme,
gewähre deinen Segen, um die Sehnsucht deines Sohnes
zu lindern!«

Daraufhin hatte er eine Vision: Die Wolke verwandelte sich in ein ausgebreitetes Stück fünffarbiger Seide. Darüber erschien, auf einer weißen, reich geschmückten Löwin reitend, Meister Marpa, strahlender als je zuvor, und sprach:

»Großer Magier[3], mein Sohn, was ist los mit dir, dass du mich diesmal so sehnsüchtig rufst? Haderst du mit den kostbaren Lamas und Yidams? Hast du dich in Gedanken über deine schlechten Umstände verfangen? Sind die Hindernisse der acht weltlichen Interessen in deine Einsiedelei eingedrungen? Haben sich die Plagegeister von Hoffnung und Furcht in deinem Geist breitgemacht und dich verdrossen? Hast du nicht alle günstigen Bedingungen, so dass du den kostbaren, mit allen Dharma-Qualitäten ausgestatteten Lamas dienen kannst, dass du zu den sechs Arten von Lebewesen, die diese Eigenschaften nicht besitzen, freigebig sein und deine eigenen Schleier schlechter Handlungen reinigen und gute Eigenschaften hervorbringen kannst? Was es auch sein mag, uns beide kann nichts trennen. Wirke zum Nutzen der Lehre und der Lebewesen, indem du praktizierst!« Als Erwiderung auf die Worte der Vision sang Milarepa überglücklich dieses Lied:

»Wenn ich das Antlitz meines Vater-Lamas sehe und seine
Worte höre,

3 Kosename Marpas für Milarepa, in Anspielung auf dessen vorherige schwarzmagische Praktiken.

wird mir Bettler schwer ums Herz.
Wenn ich an die Lebensgeschichte meines Lamas denke,
fühle ich tiefe Hingabe.
So empfange ich wirklich den Segen seines Mitgefühls,
und alle unreinen Wahrnehmungen hören auf.
Mein sehnsüchtiges Lied der Erinnerung an den Lama
hat die Ohren des Meisters belästigt,
doch ich Bettler besitze nichts außer meiner Wahrnehmung.
Bitte, gewähre mir öfter solche Visionen
und beschütze mich mit deinem Mitgefühl!

Meine ausdauernde Zähigkeit bei der Praxis
ist mein Dienst, der den Vater-Lama erfreut.
Mein Einsiedlerleben in den Bergen
ist mein Dienst, der die Dakinis entzückt.
Authentisches Dharma ohne Selbstgefälligkeit
ist mein Dienst an der Lehre Buddhas.
So lange zu praktizieren, wie dieses Leben währt,
ist meine großzügige Gabe an die schutzlosen Lebewesen.
Der Mut, mich über Krankheit zu freuen und über den Tod
glücklich zu sein,
ist mein Besen, der karmische Schleier wegfegt.
Indem ich die Härte auf mich nehme,
auf unredlich erworbene Nahrung zu verzichten,
schaffe ich die beste Voraussetzung
für meditative Erfahrungen und Erkenntnisse.

Die Güte des Vater-Lamas vergelte ich durch meine Praxis.
Verehrter Meister, bitte, habe Mitgefühl und beschütze
deinen Sohn.
Gewähre deinen Segen, damit ich als Bettler
weiterhin in der Bergeinsamkeit verweilen kann.«

In höchst freudiger Stimmung packte er seinen Baumwollschal, hob eine Handvoll Zweige auf und ging zurück zur Einsiedelei.

In seiner Behausung erwarteten ihn fünf eiserne Atsara-Geister[4], die ihn mit tassengroßen Augen anstarrten: Einer saß auf des Djetsüns Schlafstelle und predigte das Dharma, zwei hörten zu, einer rührte das Essen, und ein weiterer blätterte in seinen Texten.

Nach der ersten Verblüffung dachte der Djetsün: »Das sind Zaubereien von unzufriedenen Ortsgeistern. Ich gebe ihnen zwar keine Tormas, aber versäume es nie, sie zu loben, wo immer ich lebe; auch diesen Ort sollte ich lobpreisen«, und er sang dieses Loblied auf den Ort:

»Hört! Diese abgelegene Bergwildnis hier,
ein Ort, der den Buddhas und Bodhisattvas gefällt,
ein Platz, wo Siddhas leben,
wo ich als einziger Mensch zu Hause bin,
dieser Ort ist die Garuda-Festung am Roten Felsen von
Tschong Lung.

Über ihr treiben die Wolken von Süden,
unter ihr windet sich der Tsangpo-Fluss,
dazwischen kreisen Raubvögel.
Rundherum verstreut sind Obststräucher aller Art,
die hohen Bäume wiegen sich im Tanz,
Bienen summen ihr Lied,
der Duft der Blumen füllt die Luft,
und die Vögel zwitschern lieblich.

Hier, am Roten Felsen von Tschong Lung,
üben große und kleine Vögel die Kunst des Fliegens,
Meerkatzen und Rhesusaffen ihre Gelenkigkeit,
und allerlei Wild übt sich im Rennen.
Hier vertieft Milarepa seine Erfahrungen
und übt die beiden Arten des Erleuchtungsgeistes.

Zwischen mir und den hiesigen Ortsgeistern herrscht Eintracht.

4 Eine Art von Geist.

Ihr hier versammelten nichtmenschlichen Dämonen,
trinkt diesen Nektar von Liebe und Mitgefühl,
und kehrt nach Hause zurück.«

Die Atsara-Geister zeigten dem Djetsün ihre Abneigung, indem sie ihn mit hasserfüllten, rollenden Augen böse anfunkelten und sich noch um zwei weitere vermehrten. Sieben waren es nun: Die einen bissen sich zornig in die Unterlippe, andere klapperten mit den Zähnen und fletschten ihre Reißzähne, wieder andere lachten und brüllten markerschütternd; alle zusammen vollführten angriffslustige Drohgebärden.

»Diese Geister wollen Schwierigkeiten machen«, dachte der Djetsün, und während er sie mit seinem magischen Kraftblick anschaute, rezitierte er zornvolle Mantras – doch sie gingen nicht weg.

Auch als großes Mitgefühl in ihm erwachte und er ihnen das Dharma erklärte, wollten sie nicht gehen. Daraufhin überlegte er sich: »Marpa von Lhodrag hat mir doch gezeigt, dass alle Phänomene im eigenen Geist erscheinen; und eigentlich hatte ich alle Zweifel darüber beseitigt, dass mein Geist strahlend klar und offen ist. Solange ich die Dämonen für äußere Realität halte, können sie schwerlich gehen; das kann nicht klappen!«

Mit unerschrockener Furchtlosigkeit und von Gewissheit über die Mahamudra-Sicht erfüllt, sang er dieses Lied:

»Mein Vater, siegreich über die Heere der vier Maras,
Übersetzer Marpa, zu deinen Füßen verbeuge ich mich!

Ich bezeichne mich nicht als Menschen,
ein Kind der mächtigen Schneelöwin bin ich!
Im Mutterleib schon waren alle meine Kräfte vollkommen,
als Junges schlief ich in der Grube,
als Heranwachsender bewachte ich ihren Eingang,
als ausgewachsener Löwe streife ich über die Hochgletscher.
Ich bin furchtlos, auch wenn der Schneesturm heult,

unerschrocken bin ich, wie tief die Felsschluchten auch sein mögen!

Ich bezeichne mich nicht als Menschen,
ein Kind des königlichen Garudas bin ich!
Im Ei schon waren meine Flügelfedern vollständig,
als Nestling schlief ich im Horst,
als Heranwachsender bewachte ich seinen Eingang,
als ausgewachsener Garuda segle ich durch den Himmelsraum.
Ich bin furchtlos, wie weit der Himmel auch ist,
unerschrocken bin ich, wie eng die Täler auch sein mögen!

Ich bezeichne mich nicht als Menschen,
ein Kind des großen Yormo-Fisches bin ich!
Im Mutterleib schon rollte ich die goldenen Augen,
als Kind schlief ich im Nest,
als Heranwachsender war ich der Anführer im Wasser,
als ausgewachsener Fisch erforsche ich den ganzen See.
Ich bin furchtlos, auch wenn die Wellen hochschlagen,
unerschrocken bin ich, wie zahlreich die Netze und Haken auch sein mögen!

Ich bezeichne mich nicht als Menschen,
ein Sohn der Kagyü-Lamas bin ich!
Im Mutterleib schon entstand Vertrauen in mir,
als Kind durchschritt ich das Tor zum Dharma,
als Jüngling studierte ich es.
Jetzt, als erwachsener Meditierender,
durchstreife ich die Bergwildnis.
Ich bin furchtlos, auch wenn die Böswilligkeit der Dämonen gewaltig ist,
unerschrocken bin ich, wie viel dämonische Magie ihr auch zeigt!

Ein Löwe, der unerschrocken auf Gletschern umherstreift,
bekommt keine kalten Pfoten.

Wie nutzlos wären alle seine Kräfte,
wenn er im Schnee kalte Pfoten bekäme.

Der Garuda segelt am Himmel –
er kann nicht abstürzen.
Wie nutzlos wären seine großen Flügelfedern,
wenn er vom Himmel herabfallen könnte.

Der Fisch gleitet durchs Wasser –
er kann nicht ertrinken.
Wie nutzlos wäre seine Geburt im Wasser,
wenn er darin ersticken könnte.

Einen Eisenblock kann man nicht mit Stein zerbrechen.
Wie nutzlos wäre es, ihn zu schmieden,
wenn man ihn mit Stein zerschlagen könnte.

Ich, Milarepa, fürchte mich nicht vor Dämonen.
Wie nutzlos wäre es, die wahre Natur des Geistes
verstanden zu haben,
wenn ich Angst vor Dämonen hätte.

Versammlung von Dämonen, hier erschienen,
es ist wunderbar, dass ihr gekommen seid.
Nur keine Eile!
Macht es euch bequem, und bleibt für immer hier.
Wir werden uns über alles genau unterhalten.
Bleibt wenigstens heute Abend, auch wenn ihr es eilig habt.
Lasst uns einen Wettstreit der Drei Tore machen
und sehen, ob das Gute oder das Böse siegt.
Ihr werdet euch doch nicht davonmachen,
ohne Hindernisse bereitet zu haben.
Wenn ihr unverrichteter Dinge nach Hause zurückkehrt,
wie beschämend, überhaupt erst gekommen zu sein!«

So sang er, und voller Vertrauen in seine Praxis stürmte er in die Höhle. Die Atsara-Geister, von panischem Schrecken gepackt, verdrehten krampfartig die Augen, und ihre Körper zitterten so heftig, dass das ganze Innere der Höhle erbebte. Hastig verschmolzen sie zu einem Geist, und dieser ließ einen Wirbelwind aufkommen, mit dem er verschwand.

»Das war der Dämonenkönig Binayaka, der eine Gelegenheit suchte, sein Unwesen zu treiben. Der Sturm vorhin war sicherlich auch ein magischer Trick von ihm. Dank des Mitgefühls meines Lamas konnte er mir nichts anhaben«, überlegte der Djetsün. Danach machte er unvorstellbare Fortschritte in seiner Praxis.

Diese Geschichte über den Vorfall mit dem Dämonenkönig Binayaka hat drei Titel: »Sechs Erinnerungen an den Lama« oder »Am Roten Felsen zu Tschong Lung« oder »Mila beim Holzsammeln«.

Ankunft am Latschi

NAMO GURU. Meister Milarepa, der machtvolle Yogi, machte sich von seiner Einsiedelei in Tschong Lung aus auf den Weg zum Latschi-Schneemassiv[5], um dort zu meditieren, so wie sein Lama ihn angewiesen hatte.

Als er in Nyanang Tsarma, dem Tor zum Latschi, ankam, feierten die Bewohner gerade ein prunkvolles Hochzeitsfest und erzählten sich: »Es gibt jetzt einen echten Praktizierenden, Milarepa genannt, der ganz alleine in der menschenleeren Bergwildnis lebt und strengste Askese übt.« Während sie in lobenden Worten über ihn sprachen, erschien der Djetsün vor ihrer Tür. Eine junge Frau, hübsch und geschmückt, trat heraus – sie hieß Lesebum. »Yogi, wo kommst du her?« fragte sie ihn.

»Ich lebe in den Bergen, an keinem bestimmten Ort. Ich bin Milarepa, der Meditierende. Wir beide haben eine karmische Verbindung, du solltest mir Speise und Trank geben«, erwiderte er.

»Ich kann dich gerne zum Essen einladen, aber bist du denn wirklich Milarepa, so wie du sagst?« fragte sie.

»Lügen ist sinnlos«, entgegnete der Djetsün.

Begeistert lief sie ins Haus und verkündete den Gästen: »Der wunderbare Praktizierende, von dem wir eben noch sagten, dass er so weit weg lebt, steht genau vor unserer Tür!« Alle drängten nach draußen, die einen verbeugten sich, die anderen fragten ihn aufs genaueste nach seiner Lebensgeschichte. Als sie sich vergewissert hatten, dass er wirklich der Djetsün war, baten sie ihn ins Haus. Alle erwiesen ihm höchste Verehrung und waren voller Vertrauen und Ehrfurcht.

5 Zwischen Dingri und Drin in Südtibet gelegener hoher Berg, auf dem Milarepa lange Zeit meditierte.

Auf dem Ehrenplatz saß die wohlhabende, junge Hausherrin Schendormo. Nachdem sie den Meister ausführlich um Rat gebeten hatte, fragte sie ihn: »Wohin wird der Lama jetzt gehen?« »Ich gehe nach Latschi, um dort zu meditieren«, erwiderte er. »Dann musst du auf meinem Besitz Drelung Kyomo wohnen und den Grund und Boden segnen. Ich werde dich mit Proviant versorgen, so dass es dir an nichts fehlt.«

Einer der Anwesenden, der Lehrer Shakyaguna, warf ein: »Was Latschi angeht, so haben wir, Haushälter und Lama, etwas gemeinsam. Während der Lama dort lebt, möchte ich ihm dienen, so gut ich kann, und ihn um Dharma-Belehrungen ersuchen.«

Daraufhin fuhr die Gastgeberin fort: »Großartig! Ich besitze dort oben eine wirklich schöne Sommerweide, doch die Geister treiben da ihr Unwesen. Vor lauter Angst mögen wir gar nicht mehr hingehen. Ich bitte dich, gehe eilends dorthin.« Alle Anwesenden verbeugten sich vor ihm. Der Meister entgegnete: »Ich gehe unverzüglich – aber nicht wegen eurer Sommerweide, sondern um die Anordnungen meines Lamas zu befolgen.«

Sie sagten: »Das ist uns recht, dann schicken wir jetzt Diener mit guten Vorräten hin.«

Der Djetsün erwiderte: »Ich brauche keine Helfer und guten Vorräte in der Bergwildnis. Eure Hilfsbereitschaft ist wunderbar, doch gehe ich erst einmal alleine; später sehen wir weiter.«

Der Meister ging also allein in Richtung Latschi-Schneemassiv. Als er den Fuß des Passes erreicht hatte, beschworen Geister gewaltige magische Erscheinungen herauf. Kaum war er an der Passhöhe angekommen, da entfesselte sich der Himmel – es donnerte gewaltig, Blitze zuckten, und die Berge auf beiden Seiten des Tales gerieten ins Rutschen. Das Wasser der Bergflüsse sammelte sich und bildete einen riesigen, von mächtigen Wellen zerfurchten See. Der Djetsün führte einen magischen Kraftblick aus und rammte seinen Wanderstab in die Erde; der See floss nach unten davon und verschwand. Von da an wurde dieser Ort »Mu-Geisterteich« genannt.

Etwas weiter auf des Djetsüns Weg ließen die Geister einen Sandsturm mit Wogen von Felsgeröll aus den zerstörten Bergen auf beiden Seiten hervorbrechen. Doch die Dakinis führten den Meister zu einem ins Tal führenden Pfad, der einer den Berg hinabgleitenden Schlange glich. Nach dem Bergrutsch wurde er »Dakini-Gratweg« genannt.

Die schwächeren unter den Geistern gaben daraufhin von selbst auf. Die Stärkeren attackierten den Djetsün erneut, konnten ihm aber nichts anhaben. Am Ende des Dakini-Gratweges praktizierte der Djetsün den Kraftblick zum Unterwerfen von Bösewichtern, und sämtliche magischen Erscheinungen hörten auf. An dieser Stelle hinterließ er einen Fußabdruck im Fels.

Als er etwas weitergegangen war, klärte sich der Himmel auf, und er setzte sich frohgelaunt auf einem Bergkamm nieder. Während er dort meditierte, erfüllte ihn eine tiefe Liebe für alle Lebewesen, und er machte außerordentliche Fortschritte in seiner Praxis. Von da an wurde dieser Ort »Bergkamm der Liebe« genannt.

Dann ging er weiter zum Tschusang-Fluss, wo er in stetiger Erkenntnis verweilte, gleich einem dahinfließenden Strom. Am Abend des zehnten Tages des ersten Herbstmonats[6] im männlichen Feuertigerjahr kam eine Armee von Geistern, angeführt von einem gigantischen Dämonen in der Form des nepalesischen Balpo Bharo, und füllte Himmel und Erde des Tschusang-Tales. Sie warfen ganze Berge auf den Djetsün, ließen Blitze und Waffen auf ihn niederregnen, riefen seinen Namen, brüllten schauerlich: »Greift ihn! Bringt ihn um!« und zeigten sich in vielen abstoßenden Gestalten. »Dies sind Geister, die eine Gelegenheit suchen, mir zu schaden«, dachte Milarepa und sang dieses Lied über die wahre Lehre von Ursache und Wirkung:

»Ich verbeuge mich vor den Lamas
und nehme Zuflucht zu meinem gütigen Meister.

6 Mitte August bis Ende September.

Im Sehbewusstsein tauchen wieder trügerische
Erscheinungen auf,
magische Erscheinungen von männlichen und weiblichen
Yaksha-Geistern.[7]
Ihr Hungergeister seid bemitleidenswert,
ihr könnt mir nichts anhaben.

Die Frucht früher begangener schlechter Taten
ist gereift, und ihr erfahrt sie jetzt in diesem Körper
als Geist-Form, die sich im Raum bewegt.
Aus schlechtem Denken sowie falscher Absicht,
gepaart mit Böswilligkeit des Körpers und der Rede,
schreit ihr: ›Wir misshandeln und massakrieren dich!‹

Ich, Repa-Yogi, bin frei von begrifflichem Denken
und furchtlos, denn ich habe Gewissheit über die Sicht erlangt.
Mit löwengleichem, heroischem Verhalten
begreife ich meinen Körper als Festung der Gottheit,
begreife ich meine Sprache als Mantra-Festung,
begreife ich meinen Geist als Festung strahlender Klarheit.

Die sechs Bereiche der Wahrnehmung sind von Natur aus
offen-leer.
Einem Yogi wie mir machen die Herausforderungen
von euch Hungergeistern nichts aus.

Wahrlich! Alle guten und schlechten Taten bringen
Früchte hervor,
einmal angesammelt, reifen sie der Ursache entsprechend.
Wie traurig, dass ihr in die niederen Daseinsbereiche
gefallen seid!
O weh, ihr Hungergeister, ihr seid so verblendet!
Wie mitleiderregend, dass ihr die wahre Natur nicht versteht!

7 Tib. *gnod spyin*, Geisterklasse; Mischlinge aus Göttern und Nagas, die sehr ihrem großen Reichtum verhaftet sind; ihre Lebensspanne ist ungewiss.

Dieser ausgemergelte Milarepa
erklärt euch das Dharma in weisen Liedern.
Die Lebewesen, lebendiger Inhalt dieser Welt,
sind ohne Ausnahme eure Eltern gewesen
und waren gütig zu euch;
hört daher auf, sie zu plagen.

Wäre es nicht besser, Ursache und Wirkung eurer Handlungen
zu bedenken
und euch von eurer Böswilligkeit abzuwenden?
Wäre es nicht besser, ihr würdet die zehn guten Handlungen
praktizieren?
Merkt euch diese Worte gut, und denkt darüber nach,
begreift ihren Sinn und befolgt ihn.«

Das Geisterheer erwiderte: »Wir lassen uns von deiner Redegewandtheit nicht den Kopf verdrehen. Wir lassen dich nicht in Ruhe und hören mit den magischen Erscheinungen nicht auf.« Sie vermehrten sich daraufhin, und die magischen Erscheinungen wurden noch gigantischer. Da erklärte der Djetsün der Geisterarmee, was er in seinem Herzen dachte: »Für einen Yogi, der durch den Segen seines Meisters die unwandelbare Natur der Wirklichkeit verstanden hat, sind die magischen Erscheinungen und Hindernisse der Maras wie Schmuckstücke des Geistes. Erzeugt noch mehr davon, ich nutze sie auf meinem Weg zur höchsten Erleuchtung.« Dann sang er dieses Lied von den sieben großen Schmuckstücken:

»Zu Füßen des Übersetzers Marpa verbeuge ich mich!
Ich, Yogi, der die unwandelbare Natur der Wirklichkeit
verstanden hat,
singe ein Lied über die großen Schmuckstücke.
Ihr hier versammelten männlichen und weiblichen
Yaksha-Geister,
spitzt die Ohren, sammelt euren Geist!

An der Südseite der Stupa des zentralen Berges Sumeru[8]
strahlt der blaue Vaidurya-Stein,[9]
er ist das große Schmuckstück des Himmels von Jambudvipa.
Seit der Berg Yugandhara[10] besteht,
gibt es die Leuchtkraft des Sonne- und Mondpaares,
es ist das große Schmuckstück der vier Kontinente.

Durch die Wunderkraft der Naga-Bodhisattvas[11]
fällt der Regen aus der Weite des Himmels,
er ist das große Schmuckstück der engen Erde.

Wenn das Wasser der Meere verdunstet,
entstehen überall im Himmel Wolken,
sie sind das große Schmuckstück des Himmels.

Durch das Zusammentreffen von Wärme und Feuchtigkeit
erscheinen im Sommer über den Hängen der Grashügel
Regenbögen,
sie sind das große Schmuckstück der Grashügel.

Wenn vom Mapham-See im Westen die Wasser herabfließen,
wachsen auf dem Südkontinent Jambudvipa die Obstbäume,
sie sind das große Schmuckstück für die Lebewesen.

Wenn ich Yogi in der Bergwildnis ausharre,
erscheinen kraft der Meditation über die offen-leere Natur
des Geistes
die magischen Erscheinungen der Yaksha-Geister.
Magische Erscheinungen sind das große Schmuckstück
des Yogis.

8 Der Berg Sumeru gilt in der buddhistischen Kosmologie als der Mittelpunkt des Universums.

9 Die Südseite des Sumeru ist aus dem blauen Edelstein Vaidurya geformt; dies bewirkt nach alter indischer Vorstellung das Blau unseres Himmels.

10 Eine der sieben goldenen Bergketten, die den Berg Sumeru umgeben.

11 Die acht Naga-Könige sind Schüler des Buddha mit buddhistischen Laiengelübden.

Nun hört gut zu, ihr nichtmenschlichen Wesen!
Wisst ihr denn nicht, wer ich bin?
Ich bin der Yogi Milarepa.
Die Blüte der Liebe hat sich tief in mir geöffnet.
In melodischem Gesang habe ich zu euch gesprochen,
mit Worten der Wahrheit habe ich das Dharma erläutert,
und ich gebe euch einen wohlmeinenden Rat:

Wenn ihr schon nicht zum Wohl der Lebewesen
den höchsten Erleuchtungsgeist entwickeln könnt,
dann gebt wenigstens die zehn untugendhaften
Handlungen auf.
So könnt ihr das stille Glück eurer eigenen Befreiung
erlangen.[12]
Hört ihr auf mich, ist ein großes Werk vollbracht.
Praktiziert ihr das wahre Dharma jetzt gleich,
werdet ihr in kurzer Zeit glücklich sein.«

Die meisten Geister fassten tiefstes Vertrauen zum Djetsün und hörten mit den magischen Erscheinungen auf.

Sie erklärten: »Wundervoller Yogi! Die wirkliche Natur der Dinge ist uns nie erklärt worden, wir haben die Zeichen nicht gesehen und sie deshalb nicht verstanden. Wir werden dir von nun an keine Hindernisse mehr bereiten. Es war sehr gütig von dir, uns über die Auswirkungen unserer Handlungen zu belehren, wir haben aber nichts begriffen – unsere schlechten Gewohnheiten sind so stark, und unsere Auffassungsgabe ist gering. Bitte, gib uns jetzt in wenigen Worten eine tiefgründige Belehrung, die leicht verständlich und einfach zu praktizieren ist.« Darauf sang der Djetsün dieses Lied von den sieben Tatsachen:

»Ich verbeuge mich zu Füßen des Übersetzers Marpa,
bitte, gewähre deinen Segen,

12 Dies bezieht sich auf die Hinayana-Befreiung, bei der man nur nach dem eigenen ungestörten Frieden trachtet.

dass ich den Erleuchtungsgeist vervollkommne.

Enthält ein melodiöses Lied keine sinnvollen Worte,
ist es nur wie Gitarrenklang.

Vermitteln die Worte keine Dharma-Gleichnisse,
ist gewandte Verskunst nur schöner Klang.

Wendet man das Dharma nicht im eigenen Geist an,
ist es Schwindelei zu sagen: ›Ich kenne mich aus.‹

Meditiert man nicht über die Unterweisungen der mündlichen Überlieferung,
ist ein Leben in der Bergwildnis nur Selbstquälerei.
Das Dharma praktizieren ist von wirklichem Nutzen,
das emsige Bestellen der Felder jedoch ist nur
Schinderei von vorübergehendem Nutzen.

Wenn ihr Ursache und Wirkung eures Handelns nicht genauestens beachtet,
sind hohe Belehrungen nur Wunschdenken.

Wenn man den Sinn der Worte selber nicht praktiziert,
ist es Schwindelei, sie anderen zu erklären.

Wenn man schlechte Handlungen verwirft, nehmen sie von selbst ab,
hat man sich zu tugendhaftem Handeln entschlossen,
führt man es unwillkürlich aus.

Konzentriert euch auf diesen einen wesentlichen Punkt, und übt euch darin.
wortreiche Erklärungen nutzen wenig,
ihren Sinn müsst ihr in die Praxis umsetzen.«

In den Zuhörern erwuchs ehrfürchtiges Vertrauen zum Djetsün, sie machten viele Verbeugungen und Koras und gingen nach Hause – außer Bharo, dem Anführer, der mit einigen Gefolgsleuten erneut magische Erscheinungen vorführte. Da sang der Djetsün dieses Lied über die Gesetzmäßigkeit von Ursache und Wirkung:

»Ich verbeuge mich zu Füßen des gütigen Marpa.
hört noch einmal her, ihr Geister!
Euer Körper ist unstofflich und bewegt sich frei im Raum,
eure schlechten Denkgewohnheiten sind fest in eurem
  Geist verankert,
mit den Reißzähnen eurer gestörten Emotionen wütet ihr
  gegen andere,
aber quält euch nur selbst, wenn ihr andere verletzt.

Die Wahrheit von Ursache und Wirkung ist unumstößlich.
Dem Reifen eures Karmas könnt ihr nicht entgehen.
Ihr selbst verursacht eure eigene Qual.
O weh, verwirrte Hungergeister!

Wie traurig, dass euer schlechtes Karma so mächtig ist;
wenn ich daran denke, werde ich ganz niedergedrückt.
Weil ihr früher so viele schlechte Taten angesammelt habt,
gelüstet es euch heute nach noch mehr schlechtem Tun.

Das Laster des Mordens hat euch fest im Griff,
als Nahrung wollt ihr Fleisch und Blut;
Lebewesen umbringen ist eure Beschäftigung.

Unter den sechs Arten von Lebewesen
habt ihr die Form von Hungergeistern angenommen,
wegen eures lasterhaften Tuns
seid ihr in die schlechten Daseinsbereiche gefallen.
Würdet ihr nur eure Haltung zum Dharma ändern –
Glück, frei von Hoffnung und Furcht, wäre schnell erlangt!«

Sie erwiderten: »Du hast uns das Dharma so überzeugend erklärt, dass wir es begriffen haben. Welche Gewissheit hast du selbst gewonnen, als du dein Verständnis in die Praxis umsetztest?« Da sang der Djetsün das Lied von seiner Gewissheit:

»Ich verbeuge mich zu Füßen des vollkommenen Marpa!
Ich bin ein Yogi, der die letztendliche Wirklichkeit verstanden hat.
Mit Gewissheit in die Natur des ungeborenen Urgrundes,
habe ich nach und nach den Weg vollendet,
indem ich die ungehinderte Dynamik des Geistes meisterte.

Mit großem Mitgefühl antworte ich euch
mit einer Melodie aus der Sphäre der letztendlichen Wirklichkeit.
Wegen der dichten Schleier eurer schlechten Handlungen
könnt ihr den wahren Sinn der unwandelbaren Wirklichkeit nicht verstehen.
Deshalb erkläre ich nochmals die Praxis gemäß des hinführenden Sinnes.

Vorzeiten hat der allwissende Buddha
in seinen makellosen Lehren der Sutras und Tantras
mit Nachdruck die Lehre von Ursache und Wirkung erklärt.
Diese untrüglichen Worte der Wahrheit
sind der Lebewesen einziger Freund und Beistand.
Hört deshalb auf die liebenden Worte des Meisters.

Wenn ich, der erfahrene Yogi,
die trügerischen Erscheinungen von Geistern da draußen sehe,
erkenne ich sie als Zauberspiel des ungeborenen Geistes.
Wenn ich im Innern den wahrnehmenden Geist betrachte,
sehe ich, dass die Natur des Geistes wurzellos und seit jeher offen-leer ist.

Durch den Segen der Lamas der Überlieferungslinie

und indem ich alleine meditierte,
habe ich das spirituelle Erbe des großen Meisters Naropa verstanden
und den fehlerlosen Buddha-Geist zu meiner Praxis gemacht.
Die Erklärungen meines ehrwürdigen Lamas machten mich
mit der Absicht der Tantras und ihren tiefgründigen Methoden vertraut.

Durch meine stabile Praxis in den Entwicklungs- und Vollendungsmethoden
kenne ich den Zusammenhang zwischen den inneren Energiebahnen
und den trügerischen Erscheinungen äußerer Geister;
deshalb fürchte ich mich nicht.

In meiner Überlieferungslinie des großen Brahmanen[13]
gibt es viele herrliche, himmelsgleiche Yogis.
Weil ich den Geist beharrlich daran gewöhnt habe,
in der unveränderlichen Wirklichkeit zu verweilen,
lösen sich die trügerischen Vorstellungen im offenen Raum des Geistes auf.
Einen Angreifer und einen Angegriffenen nehme ich nicht wahr.
Des Buddhas Worte in den Dharma-Schriften
haben keinen anderen Sinn als diesen, soviel steht fest.«

Bharo und sein Gefolge nahmen nun ihre Kopfbedeckungen ab und machten viele Verbeugungen und Koras. »Wir opfern dir Nahrung für einen Monat«, versprachen sie, bevor sie sich wie ein Regenbogen auflösten.

Am nächsten Morgen bei Sonnenaufgang kehrten die Bharo-Geister vom Vortag mit einer Gefolgschaft vieler, reich geschmückter weiblicher Bharina-Geister zurück.

13 Mahasiddha Saraha, Urvater der Mahamudra-Tradition.

Sie füllten kostbare Becher mit Wein von Trauben und vielen anderen Weinsorten für den Djetsün und brachten ihm prächtige Platten, gefüllt mit gekochtem Reis und Fleisch sowie zahlreichen anderen Gerichten, dar. »Von jetzt an sind wir deine Diener und werden alles ausführen, was du anordnest«, sagten sie, machten viele Verbeugungen und Koras und verschwanden. Dieser Bharo-Geist hieß auch Gyalpo Tangdren, es war der große Gott Ganesha.

Der Djetsün aber machte große Fortschritte in der Praxis, und bei ausgezeichneter Gesundheit hatte er einen Monat lang nicht das geringste Hungergefühl.

Nachdem der Meister diesen Ort am Tschusang-Fluss kennengelernt hatte, ging er weiter, um Latschi Nänthil zu besuchen. Auf dem Weg dorthin, inmitten einer großen Tamariskensteppe, lag ein riesiger Felsen mit einem Schlupfwinkel unter einem Felsüberhang.

Während seines kurzen Aufenthaltes dort erschienen viele Dakinis, verbeugten sich vor ihm, opferten ihm die verschiedenen Sinnesobjekte und machten Koras. Sie hinterließen zwei Dakini-Fußabdrücke im Felsgestein und lösten sich wie ein Regenbogen auf.

Als er ein Stück weitergegangen war, beschworen die Geister entlang des ganzen Weges magische Erscheinungen riesiger weiblicher Geschlechtsteile herauf. Der Djetsün machte einen magischen Kraftblick, brachte seinen geheimen Vajra zur Erektion und ging weiter.

Nachdem er neun Geschlechtsteile passiert hatte, kam er zu einem Felsen, der die Essenz des Ortes enthielt. Während er seinen Kraftblick beibehielt, rieb er seinen geheimen Vajra daran, und sämtliche magischen Erscheinungen verschwanden. Dieser Ort wurde unter dem Namen »Neun Pässe – Neun Täler« bekannt.

Als er Nänthil fast erreicht hatte, kam ihm der Bharo wieder entgegen, brachte Opfergaben dar, errichtete einen Dharma-Thron und bat um Dharma-Unterweisungen. Der Djetsün belehrte ihn nochmals ausführlich über Ursache und Wirkung von Handlungen.

Schließlich löste sich der Bharo in einem Felsbrocken auf, der vor dem Thron lag. Der Djetsün ging daraufhin nach Nänthil und verbrachte dort einen Monat in äußerst fröhlicher Stimmung.

Wieder zurückgekehrt nach Nyanang Tsarma, verkündete er den Wohltätern: »Ich habe genau dort, in Drelung Kyogmo, gelebt und alle Geister gezähmt; jetzt ist dieser Ort für die Praxis geeignet. Demnächst gehe ich wieder zum Meditieren dorthin.« Alle Anwesenden fassten Vertrauen zu ihm.

Dies war die Geschichte über den Tschusang-Fluß bei Milarepas Ankunft am Latschi-Schneemassiv.

Das Lied vom Schnee

NAMO GURU. »Der Meister Milarepa hat bei seiner ersten Ankunft am Latschi-Schneemassiv alle bösen Geister gebändigt«, erzählte man sich, und aufgrund dieses Ruhmes verehrten ihn die Leute von Nyanang und brachten ihm Geschenke. Vor allem die Hausherrin Urmo vertraute ihm so sehr, dass sie ihn um Dharma-Belehrungen bat und ihm versprach: »Wenn mein Sohn groß ist, gebe ich ihn dir als Diener.« Damals war ihr Sohn Dampa Gyag-puwa noch ganz klein.

Dann luden ihn die Bewohner von Tsarma ein, und er wurde dort von Schendormo bewirtet. Als der Djetsün im Dorf lebte und all die weltlichen Aktivitäten sah, machte er einen außerordentlich betrübten Eindruck. »Ich gehe zum Latschi-Schneeberg«, erklärte er. Die Leute von Tsarma wandten ein: »Für den Djetsün gibt es nichts anderes zu tun, als zum Wohle der Lebewesen zu wirken. Bleibe bitte diesen Winter hier um unser Wohlergehen willen, und gib uns Dharma-Belehrungen. Die Dämonen kannst du auch später noch zähmen. Wir werden dich bis zum nächsten Frühjahr bewirten.« Besonders Schendormo und der Lehrer Shakyaguna versuchten, ihn zurückzuhalten, und wiesen darauf hin, wie schwierig es sei, den Winter über im Schneegebirge zu leben. Er hörte jedoch nicht auf ihre Einwände.

»Ich bin ein Nachkomme des großen Gelehrten Naropa und fürchte mich nicht vor dem Getöse im Gebirge. Außerdem hat Marpa mich angewiesen, Vergnügungen und Zerstreuung zu meiden und in Abgeschiedenheit zu leben. Mich in einer Ortschaft niederlassen wäre noch schlimmer als sterben«, erklärte er und war fest entschlossen aufzubrechen.

Eilends stellten nun die Einwohner von Tsarma dem Djetsün Proviant bereit, und einige von ihnen versprachen, ihn im Winter aufzusuchen, um Dharma-Unterweisungen zu erhalten. Sechs

Mönche und Laien, einschließlich Tönpa Shakyaguna und Schendormo, gaben ihm das Geleit und trugen den Abschiedstrunk. Sie begleiteten ihn bis zur Passhöhe und sogar noch weiter bis hinunter zum Mu-Geisterteich. Hier nahm der Djetsün seine Habe, bestehend aus zwei Maß Tsampa, einem Maß Reis, einem Viertel Rumpf Fleisch und einem Klumpen Butter, und ging zur Mara-Bezwingerhöhle, wo er von nun an leben wollte.

Als die anderen auf dem Heimweg waren, zogen sich auf der Passhöhe Wolken am Himmel zusammen, und ein solch verheerender Schneesturm setzte ein, dass sie nur mit großer Mühe ihren Weg zurückfanden. Mehr als knietief im Schnee einsinkend, kämpften sie sich durch den Sturm und kamen erst zu Hause an, als die Dorfbewohner schon schliefen.

Von da an schneite es achtzehn Tage und Nächte lang. Sechs Monate war die Verbindung zwischen Drin und Nyanang abgeschnitten. Überzeugt davon, dass der Djetsün in dem Schneesturm umgekommen war, führten seine Schüler ein Ritual für Dahingeschiedene aus, bei dem sie Speise und Trank opferten.

Einige Zeit später, im Frühling, machten sich seine alten Schüler auf den Weg und wollten mit Spitzhacken im Schnee nach der Leiche des Djetsün suchen. Als sie fast vor Ort angekommen waren, machten sie auf einer Plattform halt und ruhten sich aus. Dabei beobachteten sie eine ganze Weile einen Schneeleoparden, der auf einem mächtigen Felsen herumkletterte, sich reckte und dann verschwand. »Der Leopard hat bestimmt die Leiche des Djetsün aufgefressen, und wir werden wohl nur noch ein Stück Stoff oder ein paar Haare von ihm finden«, sagten sie sich und wurden ganz traurig. Als sie wieder aufgebrochen waren, entdeckten sie an der Stelle, wo der Leopard heruntergesprungen war, eine menschliche Fußspur, die sich später, an einem langen Engpass, in Leoparden- und Tigerspuren verwandelte. Diese Engstelle wurde später als »Tigerpfad« oder»Leopardenpfad« bekannt.

Sie konnten sich keinen Reim darauf machen und rätselten, ob es vielleicht ein Gespenst gewesen sei. Als sie fast die große Mara-

Bezwingerhöhle erreicht hatten, hörten sie den Djetsün singen. »Sollte er etwa nicht umgekommen sein? Ob Jäger ihm Verpflegung gegeben haben?« wunderten sie sich. »Oder hat er vielleicht die Reste eines von Raubtieren erbeuteten Wildes gefunden?«

Als sie an der Höhle ankamen, empfing Milarepa sie mit den Worten: »Ihr Dummköpfe, warum kommt ihr denn jetzt erst? Inzwischen ist das Essen mit dem Gemüse kalt geworden, kommt schnell herein!« Außer sich vor Freude und den Tränen nahe stürzten sie sich auf den Djetsün, ergriffen seine Hände und Füße und begannen zu schluchzen. »Macht nicht so ein Aufheben, esst jetzt!« sagte der Djetsün. Doch sie warfen sich erst einmal vor ihm nieder, erkundigten sich nach seinem Befinden und schauten sich um. Von seinen Vorräten war nur ein einziges Maß Röstmehl aufgebraucht, und überdies hatte er ein richtiges Mahl aus Gemüse, Reis und Fleisch gekocht.

»Unser Essen ist bereits zubereitet! Hat der Djetsün vorausgesehen, dass wir kommen würden?« fragte Tönpa Shakyaguna.

»Ich habe euch von einem Felsen aus beobachtet und sah euch dort bei eurer Rast sitzen«, erwiderte der Djetsün.

»Auf dem Felsen haben wir nur einen Schneeleoparden gesehen, doch nicht den Djetsün! Wo warst du denn?« fragte Tönpa Shakyaguna.

»Der Schneeleopard – das war ich«, sagte der Djetsün. »Ein Yogi, der Meisterschaft über Energiefluss und Geist hat, beherrscht auch die vier äußeren Elemente. Er kann deshalb Wunder bewirken und sich in jede beliebige Form verwandeln. Ich habe euch dieses Wunder auf der Ebene des Körpers vorgeführt, weil ihr privilegiert seid. Erzählt aber den anderen nichts davon.« »Der Djetsün wirkt noch strahlender als im letzten Jahr, doch waren beide Zugänge des Weges vom Schnee versperrt, und wir Menschen konnten dich nicht versorgen. Haben dir die Geister gedient, hast du die Überreste eines Tierkadavers gefunden, oder wie sonst war es dir möglich zu überleben?« fragte Schendormo.

»Meistens verweilte ich in tiefer Meditation und brauchte kein Essen. In guten Zeiten brachten mir die Dakinis einen Teil ihres Ganachakra-Festes, manchmal nahm ich eine Löffelspitze Röstmehl zu mir. Besonders in der zweiten Hälfte des letzten Pferdmonats hatte ich eine Vision, in der ich von euch Schülern umringt war und ihr mir reichlich Essen und Trinken anbotet. Daraufhin hatte ich tagelang keinerlei Verlangen nach Nahrung. Was habt ihr denn zu diesem Zeitpunkt gemacht?« erkundigte sich der Djetsün.

Sie rechneten die Zeit zurück und schilderten ihm in allen Einzelheiten, wie sie genau zu jener Zeit ein Ganachakra-Fest für Dahingeschiedene zelebriert hatten.

Dazu bemerkte der Djetsün: »Für diejenigen, die im Bardo sind, ist es sehr nützlich, wenn weltliche Menschen Verdienst für sie ansammeln. Aber noch viel besser ist es, das Dharma jetzt gleich zu praktizieren.«

Dann ersuchten sie den Meister nachdrücklich, nach Nyanang zu kommen. »Ich gehe nicht; ich bin vollkommen glücklich hier, und meine Meditation vertieft sich immer mehr. Ihr aber solltet besser wieder zurückgehen«, sagte der Djetsün.

»Wenn der Djetsün dieses Mal nicht mitkommt, werden uns die Leute in Nyanang beschimpfen und verurteilen und sagen, wir hätten dich dem Tod überlassen. Besonders Djomo Urmo hat uns wiederholt ausrichten lassen, nur ja ihren Djetsün mitzubringen. Wenn der Lama jetzt nicht mitkommt, bleiben wir hier, bis wir sterben«, drohten sie. Da konnte der Meister ihrem Drängen nicht widerstehen und willigte ein, sie zu begleiten.

Im Winter hatten die Dakinis dem Djetsün gesagt: »Milarepa, du selbst brauchst dieses Behelfsmittel vielleicht nicht, aber deine Schüler werden es in Zukunft benötigen. Fertige diese Schneeschuhe an, um nicht in den Schnee einzusinken.« Mit diesen, nach den Anweisungen der Dakinis hergestellten Schneeschuhen ausgerüstet, traten sie am Morgen nach ihrer Ankunft wieder den Rückweg an. Von der Passhöhe aus ging Schendormo voraus und verkündete den Dharma-Praktizierenden von Tsarma die gute Nachricht, dass der Meister unversehrt auf dem Weg zum Dorf sei. Alle, die die frohe Nachricht vernommen hatten, Männer und Frauen, jung und alt, wollten den Djetsün und seine Schüler willkommen heißen und gingen ihnen daher bis zur weißen Felsplatte, einer Stelle, wo das Getreide gedroschen wurde, entgegen. Alle berührten den Meister, vergossen Freudentränen, erkundigten sich schluchzend nach seinem Befinden, verbeugten sich und gingen respektvoll um ihn herum. Der Djetsün, das Kinn auf seinen Bambusstock gestützt und die Schneeschuhe noch an den Füßen, beantwortete ihre Fragen, indem er den versammelten Dharma-Praktizierenden von der weißen Felsplatte herab das folgende Lied sang:

»Ich bin froh! An diesem herrlichen, segensreichen Sonnentag,
treffen wir, ihr Männer und Frauen,
und ich, der Yogi Milarepa,
uns wieder, ohne gestorben zu sein!
Ich alter Mann bin eine Liederschatztruhe!
Eure Frage nach meinem Befinden
erwidere ich mit einem Lied.
Schenkt mir eure Aufmerksamkeit und spitzt die Ohren!

Ende des Tigerjahres,
Anfang des Hasenjahres,
am sechzehnten Tage des Dezembermonats
war ich traurig über die weltlichen Dinge,
und ich sehnte mich nach Abgeschiedenheit.
So ging ich in die Wildnis des Latschi-Schneemassivs.

Himmel und Erde hatten beschlossen,
mir einen eisigen Sturm als Boten zu senden.
Nachdem dieser das Wasserelement in Bewegung versetzt hatte,
rief er die purpurnen Südwolken zusammen.
Sie nahmen Sonne und Mond gefangen,
fegten die achtundzwanzig Konstellationen hinweg,
legten die acht Planeten in Ketten
und unterdrückten die Milchstraße.
Sämtliche kleinen Sterne wurden vom Dunst verschluckt.

Schließlich fiel aus der dunklen Wolkendecke

viele Tage und Nächte lang Schnee.
Achtzehn Tage schneite es unablässig, Tag und Nacht.
Die großen Flocken glichen Wollbäuschen,
sie schwebten herab wie Vögel.
Die kleineren glichen Radnaben,
sie kreisten herunter wie Bienen.
Noch kleinere hatten die Größe von Erbsen und Senfkörnern,
sie rieselten herab wie Pulver.

Unermesslich waren die Schneemassen:
oben auf den Gipfeln berührten sie den Himmel,
unten drückten sie Sträucher und Wälder nieder wie unter
einem Joch.
Die schwarzen Berge wurden weiß eingekleidet,
die Wellen der Seen erstarrten zu Eis,
das klare, blaue Wasser wurde eingeschlossen,
Höhen und Tiefen der Erde wurden eingeebnet.

Es schneite gewaltig:
überall saßen die Leute wie in einem Kerker gefangen,
und das vierbeinige Vieh verhungerte.
Das Wild war von seinen tiefergelegenen Weiden abgeschnitten,
die Vögel fanden keine Nahrung mehr,
Nagetiere und Mäuse versteckten sich in ihren
Vorratskammern,
selbst die Raubtiere fanden nichts zu fressen.
Es war ein verheerendes Unglück.

Mich, Milarepa, traf das Los,
dass der Schneesturm über mich herfiel.
Der eisige Sturm der Neujahrszeit
und der Yogi Milarepa in seiner Baumwollrobe
lieferten sich eine Schlacht an den Flanken der weißen
Gletscher.

Ich siegte über den Schnee,

und er schmolz zu Wasser.
Wie gewaltig der Wind auch heulte,
er legte sich schließlich von selbst,
und meine Baumwollrobe loderte wie Feuer.

Es war ein Kampf der Titanen um Leben und Tod,
in dem wir die Klingen unserer schärfsten Waffen kreuzten.
Diesen heroisch geführten Kampf habe ich gewonnen.

Im allgemeinen habe ich für alle Dharma-Schüler einen
Maßstab gesetzt,
besonders für alle großen Meditierenden ist es ein Ansporn,
es mir gleich zu tun,
und ganz besonders habe ich, einzig in Baumwolle gekleidet,
die Wirksamkeit des Tummo gezeigt.

Die vier Ursachen von Krankheit habe ich ins
Gleichgewicht gebracht,
äußere und innere Elemente harmonisiert,
die Essenz warmer und kalter Energien umgewandelt.

Danach versprachen die Dämonen ihren Gehorsam:
ich bezwang das Schneegesicht der Dämonen
und befahl ihnen, nie wieder so eine Verheerung anzurichten.
Die weltliche Streitmacht konnte mir nichts anhaben,
in dieser Schlacht hat der Yogi gesiegt.

Ich, der hingebungsvolle Enkel im Tigergewand,
habe nie den Fuchsmantel getragen und bin davongerannt!
Ich, Sohn eines Vaters der Titanenrasse,
bin nie ein Haarbreit vor Feinden gewichen!

Ich gehöre zur Rasse der Löwen, des Königs der Tiere,
und habe nie woanders gelebt als mitten im Schnee!

Dies ist kein Scherz eines Spaßmachers;

hört zu, was ich alter Mann vorhersage:
In der Zukunft wird die Lehre dieser Praxislinie sich verbreiten,
sie wird etliche Siddhas hervorbringen,
und ich, der Yogi Milarepa,
werde im ganzen Königreich berühmt sein.
Wenn ihr Schüler an mich denkt, werdet ihr Vertrauen haben
und auch später noch gut über mich reden.

Mir, dem Yogi, geht es ausgezeichnet!
Und euch, ihr Dorfbewohner, geht es euch gut?«

Die Anwesenden waren außer sich vor Freude und tanzten laut trampelnd. Der Djetsün, wie angesteckt davon, begann ebenfalls zu tanzen. Er sank dabei in das Felsgestein ein, als trete er aufweichen Lehm, und der ganze Fels füllte sich mit Abdrücken seiner Schneeschuhe und seines Wanderstabes.

Dieser eingesunkene Teil, vorher »Weißfelsplattform« genannt, hieß später »Plattform mit Schneeschuhabdrücken«.

Danach luden ihn die Dharma-Schüler nach Nyanang ein, wo sie ihm zu Ehren ein Dankfest abhielten.

»Wir sind überaus glücklich, dass der Djetsün dieses Mal unversehrt zurückgekehrt ist. Deine Praxis war zwar immer schon gut, aber jetzt wirkst du noch strahlender als je zuvor. Wurdest du von Dakinis versorgt?« erkundigte sich Lesebum. Als Antwort sang der Meister dieses Lied:

»Zu Füßen des Meisters beuge ich mein Haupt!
Die Dakinis gewährten mir ihren Segen,
der Nektar des Vajra-Eides sorgte für mein Wohl,
mit Vertrauen dargebrachte Opfergaben belebten meine Sinne,
die Verdienste der Schüler haben sich gut entwickelt.

Den gegenwärtigen Geist erfahre ich als Offenheit,
er hat keine Natur, die sich betrachten lässt.
Die Trennung von Betrachter und Betrachtetem hat sich aufgelöst.

So gewann ich das wahre Verständnis der Mahamudra-Sicht.

Beim Meditieren bin ich fortwährend in strahlender Klarheit
und brauche keine Pausen in der Meditation.
Die Trennung von Meditation und Meditierendem hat sich
aufgelöst.
So erreichte ich wahre Standfestigkeit in der Meditation.

Beim Handeln ruhe ich in der Erfahrung strahlender Klarheit
und bin frei von Zweifeln,
dass bedingtes Entstehen und Offenheit untrennbar sind.
Die Trennung von auszuführender Handlung und
Handelndem hat sich aufgelöst.
So erlangte ich die wahre Handlungsweise.

Einseitige Vorstellungen lösen sich im Raum des Geistes auf,
Heuchelei, Hoffnung und Furcht
in Bezug auf die acht weltlichen Interessen
gibt es bei mir nicht.
So halte ich die Vajra-Eide makellos ein.

Ich zweifle nicht daran, dass mein Geist von der Natur des
Dharmakaya ist.
In Bezug auf die beiden Ziele, das eigene und das der anderen,
gibt es keine Trennung mehr zwischen dem Ziel,
das erreicht wird,
und dem, der es erreicht.
So habe ich die wahre Frucht verwirklicht.

Mit diesem Lied der Freude beantworte ich alter Mann
die Fragen der vertrauensvollen Dharma-Schüler.

Der Schnee versiegelte meine Meditationseinsiedelei,
die Dakinis versorgten mich mit Nahrung,
das Gletscherwasser der Sturzbäche war mir ein vortreffliches
Getränk,

glanzvolle Arbeit wurde vollbracht,
ohne dass ich irgend etwas getan hätte,
die Feldarbeit wurde beendet,
ohne dass ich arbeiten musste.

Jetzt ist die Vorratskammer gefüllt,
ohne dass ich gesammelt und gehortet hätte.

Wer den Geist betrachtet, versteht alles.
Wer einen niedrigen Platz einnimmt, wird den Thron
innehaben.
Den besten Rat erhält man von einem gütigen Lama.

Euch Schülern und Haushältern mit Gefolge,
die ihr mich vertrauensvoll versorgt habt,
bringe ich als Gegengeschenk Dharma-Belehrungen dar.
Möge es alle hier Anwesenden erfreuen!«

So sang er. Nun verbeugte sich der Lehrer Shakyaguna: »Wir sind sehr glücklich, dass der Meister den Schneestürmen unversehrt entkommen ist und wir, Lehrer und Schüler, uns lebend wiedersehen. Du bist sehr gütig, uns heute mit Dharma-Belehrungen zu beschenken. Bitte, schildere uns deine meditativen Erfahrungen im letzten Winter«, ersuchte er ihn.

Als Antwort auf Tönpa Shakyagunas Frage und als Begrüßungsgeschenk für alle Dharma-Praktizierenden sang der Meister dieses Lied über die sechs meditativen Kernerfahrungen:

»Ich verbeuge mich zu meinem Lama, der die drei Gelübde[14]
einhält!
dank unserer reinen Wunschgebete
sind heute Abend in dieser glücklichen Versammlung
alle Schüler zusammengekommen,

14 Die drei Gelübde sind die Gelübde der individuellen Befreiung des Hinayana, die Bodhisattva-Gelübde des Mahayana und die tantrischen Gelübde des Vajrayana.

und du, Tönpa Shakyaguna, nimmst den Ehrenplatz ein.

Ihr alle, das Dormo-Ehepaar als Gastgeber und
ihr durch den Vajra-Eid verbundenen Schüler,
habt mich, den Vater, gebeten, euch Kindern
als dharmisches Begrüßungsgeschenk
von meinen meditativen Erfahrungen als Einsiedler zu erzählen.
Nun, hier ist meine Antwort auf euer Ersuchen.

Des samsarischen Lebens satt und überdrüssig,
ging ich zum Latschi-Schneemassiv.
Dort, in der Abgeschiedenheit der Mara-Bezwingerhöhle,
verbrachte der Yogi Milarepa sechs Monate.
Über die meditativen Erfahrungen, die ich dort machte,
singe ich nun das Lied von den sechs Kernpunkten.

Sechs äußere Objekte dienen als Beispiel;
über sechs innere Fehler wurde ich mir klar;
es gibt sechs Fesseln, die Befreiung verhindern;
ich erkannte sechs Methoden, die zur Befreiung führen,
erfuhr sechs Sphären der Gewissheit
und erlebte sechs Glückserfahrungen.

Wenn ich diesem Lied nichts hinzufüge,
kann man seinen Sinn nicht verstehen.
Deshalb erkläre ich meine Worte jetzt.

Ist etwas greifbar, ist es nicht der Himmelsraum.
Ist etwas zählbar, sind es nicht die Sterne.
Bewegt es sich, ist es kein Berg.
Nimmt es ab, ist es kein Ozean.
Wenn eine Brücke darüberführt, ist es kein breiter Fluss.[15]

15 Brücken bestanden zu Milarepas Zeiten aus einem einzigen Baumstamm, der die beiden Ufer miteinander verband. Mit einer solchen Brücke konnte natürlich nur ein schmaler Fluss überquert werden.

Wenn es zu fassen ist, ist es kein Regenbogen –
dies sind die sechs äußeren Beispiele.

Wenn der Geist auf etwas fixiert ist,
hat man die Mahamudra-Sicht nicht erfasst.
Ist der Geist dumpf oder wild,
verweilt man nicht in Meditation.
Wenn man ergreift und verwirft,
praktiziert man nicht die yogische Handlungsweise.
Wenn man in begriffliches Denken verstrickt ist,
ist dies keine Praxis.
Wenn etwas aufleuchtet und wieder verlöscht,
ist dies nicht das Urbewusstsein.
Wenn etwas geboren wird und stirbt,
ist dies nicht Buddhaschaft –
das sind die sechs inneren Fehler.

Starker Hass fesselt an die Daseinsform der Höllen.
Großer Geiz fesselt an die Daseinsform der Hungergeister.
Große Dummheit fesselt an die Daseinsform der Tiere.
Starke Begierde fesselt an die Daseinsform der Menschen.
Heftige Eifersucht fesselt an die Daseinsform der Antigötter.
Großer Stolz fesselt an die Daseinsform der Götter –
das sind die sechs Fesseln, die Befreiung verhindern.

Großes Vertrauen führt zur Befreiung.
Stützt man sich auf einen erfahrenen und edlen Meister,
geht man den Weg zur Befreiung.
Das Bewahren des Vajra-Eides führt zur Befreiung.
Das Umherziehen in der Bergwildnis führt zur Befreiung.
Lebt man alleine, geht man den Weg zur Befreiung.
Spirituelle Praxis führt zur Befreiung –
das sind die sechs Methoden, die zur Befreiung führen.

Die Sphäre der reinen Natur ist innewohnend.
Die Sphäre der Bewusstheit hat weder außen noch innen.

Die Sphäre des Urbewusstseins kennt weder hell noch dunkel.
Die Sphäre der Phänomene umfasst alles.
Die Sphäre der letztendlichen Wirklichkeit verändert sich nicht.
Die Sphäre der Erfahrungen wird nie unterbrochen –
das sind die sechs Sphären der Gewissheit.

Die Glückserfahrung,
wenn das Tummo im Körper lodert,
die Glückserfahrung, wenn die Energien
aus der rechten und linken Energiebahn in den Zentralkanal eintreten,
die Glückserfahrung, wenn von oben der Bodhicitta-Strom herabfließt,
die Glückserfahrung,
wenn die Vitalkraft der reinen Energie unten alles durchdringt,
die Glückserfahrung der Liebe,
wenn die weißen und roten Energien zusammentreffen,
die Glückserfahrung der reinen Freude im Körper –
das sind die sechs Glückserfahrungen des Yogi.

Dieses Lied der sechs Kernpunkte
gibt meine meditativen Erfahrungen
während der letzten sechs Monate wieder.
Möge es euch hier versammelten Schülern zum Festmahl gereichen,
und mögen alle Unglücklichen
es als Ambrosia trinken und froh werden.

Dieses tiefgründige Lied eines alten Mannes
konnte ich euch Schülern nicht abschlagen.
Ich bringe es heute als Dharma-Geschenk dar.
Bemüht euch mit frohem Herzen, das segensreiche Dharma zu praktizieren.
Mögen sich meine aufrichtigen Wunschgebete erfüllen!«

So sang er. Schendormo sagte: »Trifft man einen kostbaren Meister wie dich, der gleich den Buddhas der drei Zeiten ist, sollte man ihn versorgen, ihm dienen und die Dharma-Lehre praktizieren. Diejenigen, die keinerlei Achtung für ihn empfinden, sind noch dümmer als Tiere.«

Der Meister sagte: »Es ist egal, ob man mich achtet oder nicht. Versäumt man aber, das Dharma zu praktizieren, obwohl man zu einer Zeit lebt, in der die Lehre Buddhas verbreitet ist und man einen Menschenkörper hat, ist das in der Tat äußerst töricht«, und er sang dieses Lied:

»Ich verbeuge mich vor Marpa dem Übersetzer.
Hört zu, ihr vertrauensvollen Gastgeber!

Wer unüberlegt negativ handelt, während das heilige Dharma
sich überall ausbreitet, ist sehr töricht.

Dieser mit Freiheiten und Reichtümern ausgestattete
Menschenkörper
ist schwer zu erlangen;
wer sein Menschenleben sinnlos verschwendet, ist sehr töricht.

Ortschaften sind wie Ruinen auf einem Leichenacker;
wer ständig dort lebt, ist sehr töricht.
Eheleute gleichen Besuchern auf Marktplätzen;[16]
wer sich verhöhnt und zankt, ist sehr töricht.

Liebliche, angenehme Worte sind illusorische Laute;
wer sie für besonders wichtig hält, ist sehr töricht.
Hasserfüllte Feinde sind wie Blumen, die welken;
wer sein Leben im Kampf gegen sie aufs Spiel setzt, ist sehr
töricht.

Verwandte sind wie Verführer in einem dunklen Haus;

16 D. h., es ist nur ein vorübergehendes Zusammentreffen.

wer sie beklagt, wenn sie sterben, ist sehr töricht.

Besitz ist eine Leihgabe und gleicht Tautropfen;
wer sich von den Knoten des Geizes fesseln lässt, ist sehr töricht.

Dieser unreine Körper ist wie ein Sack voller Unrat;
wer ihn aus Eitelkeit verschönern will, ist sehr töricht.

Der Nektar der mündlichen Unterweisungen ist die beste Nahrung;
wer sie für Essen und materielle Güter verschachert, ist sehr töricht.

In einer Menge von Dummköpfen
stellt sich der Kluge auf eigene Beine und praktiziert das wahre Dharma.
Wer weise ist, handelt wie ich, Yogi.«

Die anwesenden Dharma-Schüler sagten: »Habe Mitgefühl mit uns, wir sind zwar nicht so klug und weise wie der Meister, doch hoffen wir, dass wir nicht gerade die Dümmsten der Dummen sind. Deshalb ersuchen wir den Meister, unser Lama zu sein und für immer bei uns zu bleiben. Dann kannst du uns Lebenden das Dharma lehren und die Verstorbenen zu den reinen Gefilden führen, und wir können dir Opfergaben darbringen.« Der Djetsün erwiderte: »Ich habe Anweisungen von meinem Lama erhalten, am Latschi-Schneemassiv zu meditieren; deshalb kann ich nur für kurze Zeit hierbleiben. Außerdem ist mir die weltliche Gepflogenheit, Wohltätern zu schmeicheln, fremd, und lebte ich hier bei euch, würdet ihr Gastgeber mich im Laufe der Zeit verachten«, und er sang dieses Lied:

»Ich verbeuge mich zu Füßen des Marpa von Lhodrag.
Ihr hier versammelten Männer und Frauen,
betet aufrichtig, mit tiefem, unerschütterlichem Vertrauen
zu mir, dem Yogi Milarepa!

Wenn man ständig am selben Ort zusammenlebt,
wird man des alltäglichen, engen Zusammenseins überdrüssig.
Zu große Vertrautheit zieht unweigerlich Verachtung nach sich.
Ist man lange Zeit zusammen, entstehen viele Erwartungen,
und man wird unzufrieden.
Durch schlechte Gewohnheiten wie Streit wird der Vajra-Eid
verletzt.
Durch schlechte Freunde verfliegt die tugendhafte Praxis.

Wenn ein Lama als Oberhaupt einer Versammlung
Entscheidungen fällt,
wird nur schlechtes Karma angesammelt.[17]
Sagt man, was falsch und richtig ist,
zieht man sich Feinde zu,
und parteiliches Intrigieren ist ein großes Vergehen.

Erst gebt ihr Essen, weil ihr Vertrauen habt,
später ärgert ihr euch über mich.[18]

Nachlass mit dem Stempel des Toten kann man nicht
wegtragen.[19]
Der Lama von euch Laien zu sein ist äußerst schwierig.
Mit euch zusammenzuleben und verachtet zu werden würde
mich betrüben.

Wenn ein Yogi aus der Bergwildnis in Ortschaften hängenbleibt,
empfindet er noch größeres Bedauern
als ein Gebieter über viele Haushalte, wenn er stirbt.
Ich werde weiterhin ziellos in den Bergen umherwandern.

Doch ist es ein guter Brauch,

17 Wenn man mit den Entscheidungen eines Lamas nicht einverstanden ist und sie deshalb nicht befolgt, sammelt man schlechtes Karma an.

18 Wenn der Empfänger die Erwartungen des Gebers nicht erfüllt.

19 Nimmt man Besitz an sich, der nicht ausdrücklich vom Verstorbenen vermacht wurde, belastet man sich mit karmischer Schuld.

wenn ihr hier versammelten Spender mich bittet,
euer Lama zu sein, und mich mit Opfergaben versorgen wollt.
Dass ihr Gläubigen so viel Verdienst angesammelt habt,
ist wundervoll.
Durch unsere Verbindung aufgrund guter Wunschgebete
werden wir immer wieder zusammentreffen.«

So sang er. Die Dharma-Schüler sagten: »Wir werden des Zuhörens nicht müde, doch der Djetsün wird unserer müde. So eindringlich wir auch bitten, er wird nicht auf uns hören. Komm uns bitte bald wieder von Latschi aus besuchen.«

Sie schenkten ihm viele Dinge, doch er nahm nichts an. Dafür bewunderten ihn die versammelten Schüler sehr. Sie waren ausgelassen vor Freude und empfanden unerschütterliche Hingabe für den Meister.

Das war das Lied vom Schnee.

Die Dämonin vom Lingwa-Felsen

NAMO GURU. Wie inständig die Dharma-Praktizierenden von Nyanang den Meister Milarepa auch baten, bei ihnen zu leben, er hörte nicht auf sie, sondern erfüllte die Anweisungen seines Lamas und ging zum Pambar-Berg in Kyirong, um zu meditieren.

Während er sich dort in seine Praxis vertiefte, hörte er eines Abends nach Einbruch der Dunkelheit ein reibendes Geräusch, das aus einer Felsspalte links neben seinem Sitz hervorkam. Er stand auf und sah nach, doch konnte er nichts entdecken. »Es war wohl eine Sinnestäuschung des Einsiedlers«, dachte er und setzte sich wieder auf sein Lager.

Da schien aus der Felsspalte ein heller Lichtstrahl, an dessen Spitze eine rote Menschengestalt hervorkam. Sie ritt auf einem schwarzen Moschusochsen, der von einem reizenden Mädchen angeführt wurde. Die Menschengestalt versetzte dem Djetsün einen Stoß mit dem Ellbogen, bevor sie sich in einem Luftwirbel auflöste und verschwand.

Das Mädchen verwandelte sich in eine rote Hündin, die sogleich nach seiner linken großen Zehe schnappte und sie nicht mehr losließ. Der Djetsün erkannte, dass es sich um eine Zauberei von Dragsinmo, der Felsdämonin, handelte und sang ihr dieses Lied:

»Ich verbeuge mich zum gütigen Marpa!
Dragsinmo, Felsdämonin von Lingwa,
bist du nicht ein Geist mit schlechtem Karma,
dass du mir hässliche Gestalten vorgaukelst
und eine Gelegenheit suchst, mich zu narren.
Ich kann zwar nicht besonders gut singen,
aber diesen Worten der Wahrheit solltest du gut zuhören!

Vom blauen Himmel dort oben
kommt der Segen von Sonne und Mond.

Im wundervollen göttlichen Himmelspalast
scheinen ihre Lichtstrahlen zum Nutzen der Lebewesen.
Möge Rahula[20] nicht zu ihrem Feind werden,
während sie die vier Kontinente umkreisen.

Im Osten, auf den hohen kristallenen Schneebergen,
lebt der glorreiche Schneelöwe;
er ist der König der Tierwelt.
Als Zeichen seiner Größe frisst er kein Aas.
Möge das Schneegestöber ihm nicht zum Verhängnis werden,
wenn er zu den blauen Berghängen hinabsteigt.

Im Regenbogenzelt des südlichen Dschungels
lebt die glorreiche gestreifte Tigerin;
sie ist das mächtigste aller Raubtiere.
Als Zeichen ihres Muts schont sie ihr eigenes Leben nicht.
Mögen die Fallen ihr nicht zum Verhängnis werden,
wenn sie auf engen Pfaden den Dschungel durchstreift.

Im glitzernden Türkis-See Mapham im Westen
lebt der glorreiche Weißbauchfisch;
er ist der Tänzer des Wasserelements.
Mögen Angelhaken ihm nicht zum Verhängnis werden,
wenn er mit seinen wunderbar rollenden Goldaugen
hinter köstlichen Leckerbissen her ist.

Auf dem nördlichen Rotfelsen von Samye
lebt der glorreiche königliche Geier;
er ist der Edle unter den Vögeln
und ist wundervoll, denn er tötet andere nicht.
Mögen ihm die Fangnetze nicht zum Verhängnis werden,
wenn er auf den Berggipfeln nach Futter sucht.

20 Rahula ist ein Ungeheuer der indischen Mythologie, hauptsächlich bekannt durch seine beständige Feindschaft gegen Sonne und Mond. Es trachtet danach, sie zu verschlingen, wodurch die Verfinsterungen entstehen. (Jäschke)

Am Lingwa-Felsen mit seinen Raubvogelnestern
lebt der glorreiche Milarepa,
der zum eigenen Wohl und dem der anderen praktiziert.
Als Zeichen seiner Ernsthaftigkeit hat er weltliche Ziele
aufgegeben
und den höchsten Erleuchtungsgeist entwickelt.

Er meditiert einsgerichtet, um in einem Leben
und in diesem Körper Buddhaschaft zu erlangen.
Mögest du Felsdämonin ihm dabei nicht zum Verhängnis
werden.

Dieses wundervolle Lied mit fünf Beispielen und sechs
Bedeutungen ist
eine goldene Kette melodiöser Worte –
Felsdämonin, hast du seinen Sinn verstanden?

Frevelhaft sind deine verderblichen Handlungen,
so darfst du auf keinen Fall fortfahren.
Zähme deine böswilligen Absichten und deine Gehässigkeit.

Wenn man nicht versteht, dass alles im Geist erscheint,
hat es mit den Dämonen, die als Gedanken erscheinen,
nie ein Ende.

Wie kann es je eine Abkehr von dämonischen Kräften geben,
wenn man nicht versteht, dass der Geist offen-leer ist!
Richte keinen Schaden an, böswillige Dämonin,
belästige mich nicht und verschwinde!«

Ohne seinen Fuß loszulassen, erwiderte ihre Geisterstimme:

»Oh, begnadeter, edler Sohn!
Du hast den Mut, allein umherzuziehen,
bist ein Yogi, der die Bergwildnis durchwandert,
bewundernswert ist deine Askese.

Menschliches Wesen, deine Lieder sind königliche Befehle,
sie wiegen schwerer als Gold.
Gold mit Messing zu verwechseln wäre ein großer Irrtum.
Könnte ich diesen Fehler nicht vermeiden
wäre, was ich eben sagte, nichts als eine Lüge.

Nun antworte ich auf dein Lied königlichen Gesetzes,
indem ich deine Beispiele nochmals aufgreife,
bitte höre mir einen Augenblick aufmerksam zu.

Vom blauen Himmel dort oben
kommt das strahlende Licht, der Segen von Sonne und Mond.
In ihrem wundervollen göttlichen Himmelspalast
erhellen sie die Dunkelheit der vier Kontinente.
Würden sie beim Umkreisen der vier Kontinente
nicht soviel Licht aussenden
und andere mit ihrer Lichtscheibe betören,
wie könnte Rahula ihnen zum Verhängnis werden!

Im Osten, auf dem Kamm der kristallenen Schneeberge,
lebt der glorreiche Schneelöwe.
Er ist der König der Tierwelt
und zwingt den untergebenen Tieren sein Gesetz auf.
Wäre er beim Hinabsteigen zu den blauen Berghängen
nicht so zornvoll und stolz
und wäre er mit seiner blauen Türkismähne
nicht so überwältigend,
wie könnte Schneegestöber ihm zum Verhängnis werden!

Im Regenbogenzelt des südlichen Dschungels
lebt die glorreiche gestreifte Tigerin.
Sie ist das mächtigste aller Raubtiere
und besiegt alle anderen Krallentiere.
Wäre sie beim Umherwandern auf engen Pfaden
nicht so stolz auf ihre Stärke
und wäre sie mit dem Lächeln ihrer Streifen nicht so betörend,

wie könnten Fallen ihr zum Verhängnis werden!

Im glitzernden Türkis-See Mapham im Westen
lebt der glorreiche Weißbauchfisch.
Er ist der Tänzer des Wasserelements
und das größte Schauspiel für die göttlichen Einsiedler.
Würde er sich bei der Jagd nach köstlichen Leckerbissen
nicht um die Köder der Menschen kümmern
und wäre er mit seiner illusorischen Form nicht so betörend,
wie könnten Eisenhaken ihm zum Verhängnis werden!

Auf dem nördlichen Rotfelsen von Samye
lebt der glorreiche königliche Geier.
Er ist der Edle unter den Vögeln
und beherrscht alle anderen Vögel.
Würde er bei seiner Futtersuche auf den Berggipfeln
nicht nach Blut und Fleisch trachten
und wären seine Flügelschläge nicht so betörend,
wie könnten Fangnetze ihm zum Verhängnis werden!

Am Lingwa-Felsen mit seinen Raubtiernestern
lebst du, der glorreiche Milarepa.
Von deiner Praxis profitierst du selbst und andere.
Als Grundlage hast du den höchsten Erleuchtungsgeist
entwickelt,
willst in einem einzigen Leben und in diesem Körper
einsgerichtet Buddhaschaft erreichen
und die sechs Arten von Lebewesen leiten.
Würden in deiner einsgerichteten Meditationspraxis
aufgrund starker Gewohnheitsmuster
und durch unmittelbare Täuschung im eigenen Geist
nicht Gedanken von Feinden aufsteigen,
wie könnte ich Felsdämonin dir zum Verhängnis werden!

Gewohnheitsmuster sind der eigentliche Dämon,
und der entspringt dem Geist.

Solange du die wahre Natur des Geistes nicht verstehst,
gehe ich nicht, selbst wenn du es mir befiehlst!

Wenn du die Offenheit deines Geistes nicht verstehst,
bleibe ich nicht der einzige Dämon, es wird noch andere geben!

Hättest du die Natur deines Geistes verstanden,
würdest du alle ungünstigen Umstände als Helfer erfahren,
und auch ich, die Felsdämonin, wäre dein Untertan.

Du Menschenwesen lässt dich noch verunsichern;
du musst die Natur des Geistes noch besser verstehen
und deine Täuschungen von Grund auf durchschneiden!«

So ertönte die Stimme der Felsdämonin. Beeindruckt sang der Djetsün als Antwort das Lied von den acht Gleichnissen, die ihn an etwas erinnern:

»Ganz recht, ganz recht, unselige Dämonin!
Es gibt keine wahreren Worte als deine!
Auf all meinen Wanderungen durch die Lande
habe ich nie ein lieblicheres Lied gehört als deines.
Selbst wenn hundert Gelehrte wetteiferten,
könnten sie nichts Sinnvolleres sagen!

Dämonin, du hast vortrefflich gesprochen.
Mit dem goldenen Löffel deiner weisen Rede
hast du den Kern der Sache getroffen
und meine Krankheit, Dinge für wirklich zu halten, beseitigt.

Die Dunkelheit der täuschenden Unbewusstheit ist verflogen,
und die weiße Lotusblüte der Weisheit hat sich geöffnet.
Die strahlende Fackel des Selbstgewahrseins lodert,
und die Erinnerung an das ursprüngliche Bewusstsein ist klar erwacht.
Ist die Erinnerung wirklich in mir erwacht?

Wenn ich in den blauen Himmel hinaufblicke,
erinnere ich mich klar an die offen-leere Natur der Dinge
und fürchte mich nicht vor Dingen, die wirklich erscheinen.

Wenn ich zu Sonne und Mond emporschaue,
erinnere ich mich klar an die strahlende Natur des Geistes
und fürchte mich nicht vor Dumpfheit und Ruhelosigkeit.

Wenn ich zu den Berggipfeln hinüberschaue,
erinnere ich mich klar an die tiefe Meditation, in der sich
nichts bewegt,
und fürchte mich nicht vor den sich ständig wandelnden
Gedanken.

Wenn ich zu dem dahinfließenden Strom hinabschaue,
erinnere ich mich klar an das, was ununterbrochen
vorhanden ist,
und fürchte mich nicht vor plötzlichen Zwischenfällen.

Wenn ich die Farben eines Regenbogens sehe,
erinnere ich mich klar an die Einheit von Erscheinungen und
Offenheit
und fürchte mich nicht vor Ewigkeitsglauben und Nihilismus.

Wenn ich die Spiegelung des Mondes im Wasser sehe,
erinnere ich mich klar an die ungreifbare, natürliche Strahlkraft
des Geistes
und fürchte mich nicht vor dualistischem Haften.

Indem ich hineinschaue in den selbstgewahren Geist,
erinnere ich mich klar an das Licht in einer Vase
und fürchte mich nicht vor blindem Unverständnis.

Dämonin, wenn ich deine Worte höre,
erinnere ich mich klar an die selbstgewahre Natur des Geistes
und fürchte mich nicht vor Hindernissen.

Du kannst so schön reden
und hast die Natur des Geistes vom Verstand her begriffen.
Doch als Vergeltung dafür,
dass du das Gesetz von Ursache und Wirkung missachtet hast,
wurdest du nun in dieser üblen dämonischen Form
wiedergeboren
und sammelst schlechtes Karma an, indem du anderen
schadest.

Denke jetzt über die Nachteile des Kreislaufs nach,
und gib die zehn schlechten Handlungen vollständig auf!

Ich bin ein löwengleicher Yogi
und kenne weder Furcht noch Schrecken.
Ich, Menschenwesen, habe vorhin nur gescherzt,
denke ja nicht, dass du recht hattest, unselige Dämonin!

Dämonin, die du mich heute Nacht herausgefordert hast,
mögest du durch die Verbindung,
die aus meinen Wunschgebeten entstanden ist,
den Erleuchtungsgeist entwickeln und später
meine Schülerin werden,
so wie es einst durch die Macht des Königs Djampä Tob
mit den fünf kannibalischen Dämonenbrüdern geschah!«

Dragsinmo, die Felsdämonin, fasste tiefes Vertrauen zu ihm und ließ seinen Fuß los. Wieder ertönte ihre liebliche Stimme aus dem Raume heraus:

»O Wunder, begnadeter Yogi!
Du hast Verdienst angesammelt und praktizierst das wahre
Dharma.
Es ist wunderbar, dass du ganz alleine in den Bergen lebst
und mit Augen des Mitgefühls auf die Lebewesen in der Ferne
blickst.

Ich erhielt die Überlieferungslinie des Padmasambhava
und habe den Wortgirlanden des wahren Dharma zugehört.
Die Worte habe ich zwar vernommen,
doch bin ich voller Begierde geblieben.

Ich treibe mich an den Treffpunkten der Yogis herum.
Diejenigen, denen ich karmisch verbunden bin,
bekehre ich zur Tugend,
und vom Glück Begünstigten erkläre ich den wahren Sinn.

Obwohl ich im Grunde wohlgesinnt bin,
habe ich meine erbärmliche Daseinsform nicht bereinigt
und leide unter unstillbarem Hunger.
In meiner Missgestalt spioniere ich durch die Ortschaften
dieser Welt.
Als Nahrung will ich Fleisch und Blut
und fahre in die Seele des erstbesten Menschen,
der mir über den Weg läuft.

Die hübschen Frauen mache ich missmutig,
den gutaussehenden Männern möchte ich Schaden zufügen.
Mit den Augen sehe ich mir das Schauspiel an,
mit dem Geist peinige ich die Gemüter im ganzen Land,
mit dem Körper schweife ich umher.
Am Lingwa-Felsen bin ich zu Hause.

Jetzt habe ich dir berichtet, womit ich mich beschäftige.
Als Ausdruck meiner Freude über unser Zusammentreffen
habe ich dieses Lied gesungen.
Mit diesem wunderbaren Vortrag
erweise ich dir Yogi einen Dienst.
Es sind klare Worte meines Vertrauens,
ich hoffe, du freust dich über mein aufrichtiges Lied.«

So sang sie. Milarepa überlegte sich, dass er dieser Art von Dämonin eindringlich ins Gewissen reden und sie an ein Gelöbnis binden müsse. Er antwortete ihr mit diesem Lied:

»Nun hör gut zu, Dämonin!
Der Meister war gut, doch der Schüler schlecht.
Die Lehren Buddhas nur hören und darüber nachdenken,
nur an den Wortgirlanden haften, doch nicht ihren Sinn verstehen,
nicht praktizieren,
sondern nur Lippenbekenntnisse von sich geben,
leer und lügnerisch daherreden –
auf diese Weise kann man den eigenen Geist nicht läutern!

Durch deine miserablen Gewohnheiten aus früheren Existenzen
und deine gegenwärtigen schlechten Taten
sind deine Gelübde und Vajra-Eide verkommen.
Deswegen wurdest du als Dämonin wiedergeboren.
Nun hast du einen leidvollen Körper,
der in Kannibalenstädten herumlungert,
eine unaufrichtige Sprache, voller Lügen und Heuchelei,
und einen negativen Geist, der den Wesen nach dem Leben trachtet.
Diese Wiedergeburt in einem derart schlechten Körper
ist die Vergeltung dafür, dass du die Gesetze von Ursache und Wirkung
aller Handlungen völlig missachtet hast.

Denke nun über die Qualen des Daseinskreislaufs nach,
bereue all deine schlechten Taten,
und versprich, positiv zu handeln!

Ich bin furchtlos wie ein Löwe,
unerschrocken wie ein Elefant,
einem Verrückten gleich, habe ich keinerlei Vorsätze,

und meine Worte entsprechen der Wahrheit.

Nun sprich doch einmal aufrichtig mit mir!
Mit deiner Herausforderung und deinen Hindernissen
hast du den Boden für später bereitet,
durch die Kraft meiner Dharma-Gebete
wirst du in Zukunft meine Schülerin werden,
bedenke dies, verwirrte Dämonin!«

So sang er. Die Felsdämonin zeigte sich in ihrer ursprünglichen Gestalt und sang dieses Lied:

»Meister, Herr aller Buddhas der drei Zeiten,
mit dem edlen Körper des großen Vajradhara,
bewundernswerter Herr der Dharma-Lehre,
wie vortrefflich du den wunderbaren Erleuchtungsgeist
  entwickelt hast!
Ich, Dämonenschwester, habe großes Glück.
Als ich deine Belehrungen hörte, begann ich etwas zu verstehen.

Zuerst erhielt ich den heiligen Befehl des Meisters
  Padmasambhava
und studierte und reflektierte das wahre Gesetz, das
  Buddhadharma.
Danach nahmen negative karmische Tendenzen überhand,
und meine unerträgliche Böswilligkeit peinigte mich.
Deshalb wurde ich in diesem schlechten Körper
als Dämonin wiedergeboren.
Den Lebewesen in allen Daseinsbereichen
bringe ich beides, Nutzen und Schaden.

Im vorigen Jahr kamst du,
der große Meditierende, zum Lingwa-Felsen
und praktiziertest ganz allein.
Manchmal mochte ich es, dann wieder nicht.
Weil ich es mochte, kam ich heute Abend,

weil ich es nicht mochte, schnappte ich nach deinem Fuß.

Es war frevelhaft, und ich bereue es vor dem Meister,
von jetzt an werde ich meine dämonische Boshaftigkeit
aufgeben
und denen helfen, die das Dharma aufrichtig praktizieren.

Wir Dämonen mit schlechtem Karma
werden Tag und Nacht von den fünf Geistesgiften gequält.
Beschütze uns bitte in Zukunft,
und lass uns im kühlen Schatten des Baumes des großen
Glücks verweilen!

Ich werde deine Anweisungen befolgen
und von nun an bis zur Erleuchtung
alle meine schlechten Absichten zähmen,
ein Beschützer der Yogis sein,
den Praktizierenden meine Unterstützung gewähren,
den großen Meditierenden ein Untertan sein,
den Dharma-Schülern helfen,
denen, die Vajra-Eide abgelegt haben, beistehen
und die buddhistische Lehre beschützen und ihr dienen.«

Mit diesen untadeligen Wunschgebeten versprach sie voller Hingabe, alle Praktizierenden zu schützen und ihnen keinen Schaden mehr zuzufügen.

Daraufhin nahm der Djetsün die Felsdämonin Dragsinmo als seine Schülerin an und sang dieses Lied:

»Ich bin ein buddhistischer Lehrer, der dem weltlichen
Kreislauf entsagt hat,
Sohn eines heiligen Meisters,
eine Schatzkammer kostbarer Belehrungen,
einer, der die Lehren des Buddha von Herzen praktiziert,
ein Yogi, der die absolute Natur verstanden hat.
Bin die alte Mutter aller Lebewesen,

ein Mensch mit Herzensstärke,
ein Vertreter von Shakyamunis Tradition,
die Verkörperung des Erleuchtungsgeistes.

Ich habe von Anfang an über Liebe meditiert
und durch Mitgefühl das Böse gezähmt.
Ich lebe am Lingwa-Felsen
und praktiziere ohne Zerstreuung.
Erfreut dich das, verwirrte Dämonin?
Empfindest du keine Freude darüber, so bist du niedrig gesinnt.

Größer noch als ihr Dämonen ist der Egoismus,
zahlreicher noch als ihr Dämonen sind die Gewohnheitsmuster
des Geistes,
schlechter noch als ihr Dämonen sind schlechte Absichten,
wilder noch als ihr Dämonen sind Gedanken,
hartnäckiger noch als ihr Dämonen sind die Gewohnheiten.

Wenn man an Dämonen als Dämonen festhält, schaden sie.
Erkennt man Dämonen als offen-leer, ist man sie los.
Begreift man die absolute Natur, ist man befreit.
Erkennt man Dämonen als seine Eltern, sind sie keine
Dämonen mehr.
Erkennt man, dass Dämonen im Geist erscheinen,
erfährt man sie als seine Zierde.
Erkennt man ihre Natur, ist man von ihnen befreit.

Du, Dämonin, hast dein Anliegen vorgetragen,
ich, Menschenwesen, vereidige dich jetzt als meine Schülerin,
und du musst diesem Eideswort entsprechend handeln:

›Ich werde den heiligen Eid nicht brechen,
den ich vor den Vajra-Haltern abgelegt habe.
Ich werde dem großen Mitgefühl nicht zuwiderhandeln
und mit Körper, Rede und Geist keine Hindernisse bereiten.
Wenn ich diesen Eid verletze,

falle ich mit Sicherheit in die Vajra-Hölle.‹

Weil dies sehr wichtig ist, solltest du es dreimal wiederholen;
begreife den Sinn dieser Worte, und setze sie in die Tat um!

Wir haben uns aufgrund von guten Wunschgebeten getroffen:
in der Zukunft wirst du im Gefilde des großen Glücks
den unermesslichen, unbegreiflichen Erleuchtungsgeist
besitzen,
als erste im Gefolge meiner Schüler geboren werden
und ein weiblicher Vajrasattva sein.«

So sang er und band sie an das Gelöbnis. Dragsinmo ging viele Male um den Djetsün herum und verbeugte sich. Sie versprach, all seine Anordnungen auszuführen, und löste sich wie ein Regenbogen auf.

Nach Tagesanbruch, als die Sonne aufging, kehrte Dragsinmo mit Brüdern, Schwestern und Gefolge zurück – reich geschmückte Männer und Frauen in schöner menschlicher Gestalt, die dem Djetsün viele Speisen und andere Gaben mitbrachten.

Dragsinmo sagte: »Wegen meines schlechten Karmas habe ich die Form einer Dämonin erhalten. Bitte, verzeih mir, dass ich aus schlechter Angewohnheit und böser Absicht Schabernack mit dir getrieben habe. Von jetzt an werde ich all deine Anweisungen befolgen und dein Untertan sein. Djetsün, bitte, gewähre uns eine Belehrung über die letztendliche Wahrheit, so wie du sie selbst erfahren hast«, und sie sang dieses Lied:

»Ema, Sohn aus weisem, hohem Geschlecht!
Du hast das Glück, Verdienst angesammelt zu haben,
hast den Segen einer vortrefflichen Überlieferungslinie,
Standhaftigkeit in der Praxis,
den Mut, alleine zu leben,
und bist beharrlich in der tiefgründigen Praxis.
Dämonen können dir keine Hindernisse bereiten.
Durch deine Meisterschaft

über Energiebahnen und Energiefluss
kannst du anderen Wundertaten zeigen.

Wir haben uns zu dir gesellt,
weil wir von früher her durch gute Gebete verbunden sind.
Obwohl ich vorher viele Siddhas getroffen habe,
habe ich den Segen erst durch dich erhalten.

Ich, Dämonin, ersuche dich um folgendes:
mit den trügerischen hinführenden Belehrungen des kleinen Fahrzeugs
ist es schwierig, Karma und gestörte Emotionen zu bändigen.
Die schmucken Gäste leerer Erklärungen
laufen mit Sicherheit weg, wenn leidvolle Umstände kommen.

Lehrer, die viel vom Dharma wissen, aber nicht praktizieren,
können nicht einmal sich selber helfen
und vergraben sich im Ärger über ihre Schüler.

Meister, Verkörperung der Buddhas der drei Zeiten,
der die Bedeutung des wahren Sinnes, die absolute Natur, verstanden hat,
bitte, gewähre uns, Brüdern und Schwestern mit Gefolge,
die letztendliche Belehrung, so wie du sie selbst erfahren hast,
ein Lied mit Unterweisungen, die das Wesentliche zusammenfassen,
mit dem wahren Sinn und dem letztendlichen Ziel.
Erkläre uns die wahre Bedeutung der geheimen Vajra-Worte
über das strahlende letztendliche Urbewusstsein,
die Lichtheit des Geistes.

Erkläre uns, ohne irgend etwas zurückzuhalten,
den tiefgründigen wahren Sinn, der bewirkt,
dass man nicht in die niederen Daseinsbereiche fallen kann,
wenn man ihn hört,
und nicht im Daseinskreislauf umherirren kann,

wenn man ihn praktiziert.«

Der Djetsün erwiderte: »Die letztendliche Belehrung könnt ihr jetzt noch nicht praktizieren. Wenn ihr das wollt, müsst ihr mir erst bei eurem Leben einen feierlichen Eid schwören.«

Sie schworen bei ihrem Leben, dass sie von nun an alle Anordnungen des Djetsün ausführen und allen Dharma-Praktizierenden beistehen würden. Der Djetsün antwortete ihnen mit diesem Vajra-Lied von den siebenundzwanzig Dingen, die sich gewiss auflösen:

»Meister, ein Buddha in Menschengestalt,
Übersetzer, dessen Name schwer auszusprechen ist,[21]
vor dir, gütiger Vater, verbeuge ich mich!

Ich bin zwar kein vedischer Sänger,
doch du, Dämonin, sagst, sing ein Lied, sing ein Lied!
Deshalb singe ich nun diese Verse über die wahre Natur
der Dinge.

Donner, Blitz und Wolken
kommen aus dem Himmel
und lösen sich wieder im Himmel auf.

Regenbogen, Nebel und Dunst
kommen aus dem Raum
und lösen sich wieder im Raum auf.

Nektar, Körner und Früchte
kommen aus der Erde
und lösen sich wieder in der Erde auf.

Wälder, Blumen und Blätter
kommen aus den Hügeln
und lösen sich wieder in den Hügeln auf.

21 Man kann seine Qualitäten gar nicht alle aufzählen.

Flüsse, Wasserblasen und Wellen
kommen aus dem See
und lösen sich wieder im See auf.

Gewohnheiten, Anhaftungen und Fixierungen
kommen aus dem Allgrund des Geistes
und lösen sich wieder im Allgrund auf.

Selbstgewahrsein, Eigenstrahlkraft und Selbstbefreiung
kommen aus der Natur des Geistes
und lösen sich wieder in der Natur des Geistes auf.

Alles ist ungeboren, unbehindert und unaussprechlich,
es kommt aus der absoluten Natur
und löst sich wieder in der absoluten Natur auf.

Dämonen wahrnehmen, daran haften und sich
vor ihnen fürchten,
dies kommt vom Yogi
und löst sich wieder im Yogi auf.

So sind alle Dämonen das Zauberspiel des Geistes.
Erkennt der Yogi nicht,
dass diese Eigenerscheinungen offen-leer sind,
und hält Dämonen für wirklich,
dann erliegt er der Täuschung.

Die Wurzel der Täuschung aber liegt im Geist.
Erkennt man die wahre Natur des Geistes,
dann sieht man, dass er strahlend klar ist, frei von Kommen
und Gehen.

Der Geist missversteht Erscheinungen als äußere Objekte.
Untersucht man jedoch ihr eigentliches Wesen,
erkennt man, dass Erscheinungen und Offenheit
untrennbar sind.

Meditation ist ein Konzept,
Nicht-Meditation ist ebenfalls ein Konzept,
Meditation und Nicht-Meditation sind nicht trennbar.

Die dualistische Sichtweise ist die Grundlage der Täuschung,
während die letztendliche Wahrheit jenseits jeder Sichtweise
liegt.

Wollt ihr das Wesen des Geistes verstehen,
nehmt den Himmel als Beispiel,
dann werdet ihr euch klar über den Sinn der absoluten Natur.

Betrachtet, was mit dem Verstand nicht greifbar ist –
das ist die Mahamudra-Sicht.
Ohne Ablenkung zu sein –
das ist die Meditation.
Beim Handeln meidet nichts, und nehmt alles, wie es kommt.
Gebt Hoffnung und Furcht auf –
das ist die Frucht.
Danach richtet euch bei eurer Übung, Dämonen!

Ich habe keine Zeit, nichtssagende Gesänge zu verbreiten,
stellt nicht viele Fragen, sondern verweilt im Schweigen!
Weil ihr Dämonen ein Lied wolltet, habe ich eins gesungen.
Nun, dies sind meine verrückten Worte.
Seht, ob ihr sie in die Praxis umsetzen könnt, Dämonen!
Lasst großes Glück eure Speise sein,
reinen Nektar euren Trank,
und verrichtet eure Arbeit, indem ihr den Yogis beisteht!«

So sang er. Dragsinmo und ihr Gefolge fassten tiefes Vertrauen zu ihm. Sie verbeugten sich und gingen viele Male respektvoll um ihn herum, bedankten sich und verschwanden dann, indem sie sich wie ein Regenbogen auflösten.

Wie der Djetsün es ihnen befohlen hatte, richteten die Dämonen von da an keinen Schaden mehr an, sondern standen allen großen Meditierenden dieses Ortes bei.

Dies war die Geschichte der Dämonin Dragsinmo vom Lingwa-Felsen.

Aufenthalt in Ragma

NAMO GURU. Der Meister Milarepa ging vom Lingwa-Felsen aus zum Pambar-Berg, weil er dort meditieren wollte. Vor seinem Aufbruch erzählte er den Bewohnern von Ragma von seinem Vorhaben. Sie entgegneten: »Nicht direkt am Pambar-Berg, aber auf dem Durchgangsweg dorthin, gibt es den wunderschönen Ort Gönzong. Es wäre besser, wenn du dich dort niederließest, denn den Weg zum Pambar-Berg selbst kennen wir nicht. Falls du in Gönzong leben willst, können wir dir einen ortskundigen Führer mitgeben.« Milarepa dachte bei sich: »Ich könnte mich ja zunächst an diesem Ort aufhalten und dann weitersehen, wie ich zum Pambar-Berg komme; ihren Bergführer brauche ich nicht«, und verkündete ihnen: »Euren Führer brauche ich nicht, ich kann den Weg allein finden.«

»Ohne Bergführer ist das unmöglich; hast du denn einen?« erkundigten sie sich.

»Ja, hab ich«, entgegnete er. Auf ihre Frage, wer es denn sei, antwortete er mit diesem Lied:

»Der wahre Meister, der alle spirituellen Fähigkeiten besitzt,
ist mein Führer, der mich aus der Dunkelheit herausführt.

Diese eine Baumwollrobe, weder kalt noch warm,
ist mein Führer beim Überwinden der Anhaftung.

Die dreifache Unterweisung über Mischen und Überführen[22]
ist mein Führer, der vom Bardo befreit.

Kontrolle über Energiefluss und Geist
ist mein Führer beim Durchwandern der Länder.

22 Tib. *bsre 'pho skor gsum:* Diese Unterweisung aus der Überlieferung des Retschungpa findet sich heute hauptsächlich in der Drugpa-Kagyü-Schule.

Den Körper in der Meditation als Opfergabe darzubringen[23]
ist mein Führer, der das Haften am Ich bezwingt.

Meditation an abgelegenen Orten
ist mein Führer, mit dem ich Erleuchtung erreiche.

In Begleitung dieser sechs Führer
werde ich in der Erleuchtungsfestung leben.«

So sang er. Daraufhin ging er zum oberen Ende von Ragma, das von da an Erleuchtungsfestung genannt wurde.

Während der Meister dort lebte und in stetiger Erkenntnis weilte, gleich einem dahinfließenden Strom, hörte er eines Tages um Mitternacht Kriegshörner und tosenden Lärm. »Ob Feinde ins Land eingefallen sind?« fragte er sich. Während er in seiner Meditation starkes Mitgefühl empfand, wurde der Lärm immer lauter, und ein gleißend roter Lichtschein drang zu ihm in die Höhle. Er wollte sehen, was da vor sich ging, stand auf und sah nach.

Überall auf der Ebene loderte ein Himmel und Erde verzehrendes Feuer. Eine furchterregende Armee von Geistern führte alle Arten von Zauberspuk vor: Sie legten Feuer, wühlten die Flüsse auf, zertrümmerten Berge, brachten die Erde zum Beben und bedrohten den Djetsün mit mörderischen Waffen. Sie hatten es besonders auf seine Meditationsgrotte abgesehen und brüllten ihm alle möglichen unflätigen Dinge zu. Milarepa erkannte, dass dies Hindernisse und Herausforderungen von Geistern waren.

Er dachte bei sich: »O weh, weil sie schlechtes Karma angesammelt haben, wandern sie seit anfangsloser Zeit durch die sechs Daseinsbereiche und wurden nun als Hungergeister wiedergeboren, die sich durch den Raum bewegen. Mit ihren schlechten Absichten und ihrem rücksichtslosen Verhalten haben diese böswilligen Geister so vielen Lebewesen Schaden zugefügt und sie umgebracht. Als Folge werden sie in den Höllen wiedergeboren, wo sie rettungslos

23 Tib. *phung po gzan du bsgyur ba:* Eine tantrische Visualisierungsmethode, die darauf zielt, dem Haften am eigenen Körper entgegenzuwirken.

verloren sind und wo sie unerträgliche Leiden erdulden müssen. Wie beklagenswert!« Daraufhin sang er dieses Lied:

»Ich verbeuge mich vor Marpa dem Übersetzer!
Im weiten Himmelsraum deiner Liebe
haben sich die Wolken des Mitgefühls gebildet.
Aus ihnen fällt der Regen deiner Buddha-Aktivität,
der die Schüler, deine Ernte, zur Reife bringt.
Gib deinen Segen, so dass alle Lebewesen im ganzen
Universum
die Stufe der allwissenden Buddhaschaft erlangen!

Ihr hier versammelten böswilligen Dämonen,
ihr Gespenster des Raumes,
ihr Hungergeister, die ihr nur ans Essen denkt:
Als Folge schlechter Handlungen
wurdet ihr jetzt als Hungergeister wiedergeboren.
Da ihr in dieser Existenz anderen Schaden zufügt,
werdet ihr in den nächsten Leben in den Höllenbereichen
geboren.
Dieses Lied ist nur eine kurze Darstellung von Ursache und
Wirkung,
mit der ich meine Ansicht klarstellen möchte.

Ich bin ein Sohn der Kagyü-Lamas,
mit Vertrauen als Grundlage betrat ich den Weg des Dharma.
Als ich Ursache und Wirkung verstanden hatte,
nahm ich ein asketisches Leben auf.
Durch meine beharrliche Praxis des spirituellen Weges
erfuhr ich in der Meditation die Natur des Geistes –
das ist die Frucht.

Ich habe verstanden, dass alle Erscheinungen Täuschungen
sind.
Befreit von der Krankheit des Haftens am Selbst,
durchschnitt ich die Fesseln des dualistischen Daseinskreislaufs

und nahm auf dem Thron des unwandelbaren Dharmakaya
Platz.
Bei mir, dem Yogi, der den Verstand transzendiert hat,
werdet ihr Dämonen mit euren Hindernissen
nur eure Kräfte vergeuden
und euren Geist von neuem in Rage versetzen.

Auch wenn durch euch Dämonen alle sechs Daseinsbereiche,
angefangen von der Welt des Brahma
bis hinunter zu den achtzehn Höllenwelten,
zu Feinden würden –
vom Allgrund meines Bewusstseins
wird niemals ein Gedanke der Angst aufkommen.

Nun habt ihr Dämonen euch hier versammelt
und eure mächtige magische Armee vorgeführt.
Geht ihr jetzt weg, ohne mir geschadet zu haben,
wäre alles, was ihr bis jetzt angestellt habt, sinnlos.
Das wäre eine Blamage für euch.
Bemüht euch noch mehr! Zeigt, was ihr könnt!«

So sang er und vertiefte sich in die Erfahrung der absoluten Natur. Die Dämonen waren daraufhin bekehrt.

Sie warfen sich vor ihm nieder, umwandelten ihn, setzten seine Füße auf ihr Haupt und erklärten: »Wir wussten nicht, dass du ein Yogi mit gefestigter Erkenntnis bist. Verzeih uns bitte, dass wir dich zuvor herausgefordert haben. Von jetzt an werden wir alle deine Befehle ausführen. Bitte gewähre uns eine Belehrung, die uns mit dem Dharma verbindet.«

Der Meister: »Nun gut! Begeht nicht das geringste Übel, und handelt stets tugendhaft.«

»Das werden wir tun«, sagten sie, gaben ihm ihre Lebensessenz[24] und kehrten an ihre Wohnstätten zurück. Dies waren die Se-i Lha-

24 D. h., sie gaben Milarepa das Mantra mit ihrer Lebensessenz, mittels dessen er sie zum Gehorsam zwingen konnte.

mo-Geister von Mang-yul und die Erdgeister des Pambar-Berges. Der Meister dachte sich, dass es nun nicht mehr nötig sei, am Pambar-Berg zu meditieren, denn die dort ansässigen Erdgeister waren ja schon zu ihm gekommen. Er blieb noch einige Tage an diesem Ort und machte große Fortschritte in seiner Meditationspraxis. Dann sang er dieses Lied:

»In der Einsamkeit der Erleuchtungsfestung
habe ich, Milarepa, der für die Erleuchtung praktiziert,
Kontrolle über den Erleuchtungsgeist erlangt
und praktiziere den Yoga des Erleuchtungsgeistes.
Möge ich schnell die große Erleuchtung erlangen
und dann alle Wesen, einstmals meine Mütter,
zur höchsten Erleuchtung führen.«

So sang er und vertiefte sich in seine Praxis. Einige Tage später kam ein Haushälter, der ihm eine Ladung Holz und ein halbes Scheffel Mehl schenkte. Da der Mann nur leicht bekleidet war, holte er sich eine Erkältung. »Ragma ist die kälteste Gegend im Süden, und dieser Felsen hier ist der kälteste Ort in Ragma. Ich schenke dir einen Fellmantel, wenn du ihn annimmst. Lama, was würdest du dazu sagen?«

Der Meister erwiderte: »Wohltäter, wie heißt du?« »Ich heiße Lhambar.« »Ein guter Name. Ich brauche zwar weder Tsampa noch den Mantel, aber es ist wunderbar, dass du mir Tsampa schenken möchtest. Den Mantel brauche ich aber wirklich nicht. Bei mir ist das so«, sagte er und sang dem Lhambar dieses Lied:

»Mein Bewusstsein, ein Kind der Täuschung,
wandert in den sechs Daseinsbereichen, den Stätten der Täuschung,
und erfährt die verschiedensten karmischen Täuschungen.

Manchmal erlebe ich die Täuschung des Hungers;
dann esse ich erbettelte Nahrung.
Manchmal bin ich asketisch und esse Steine.

Zuweilen nehme ich Offenheit als Nahrung zu mir.
Dann wieder versuche ich, so gut es geht, den Hunger zu ertragen.

Manchmal erlebe ich die Täuschung des Durstes;
dann trinke ich das blaue Wasser, das die Berghänge herunterplätschert.
Manchmal nehme ich mein eigenes Wasser zu mir.
Zuweilen trinke ich das Wasser des Mitgefühls,
dann wieder den Segensnektar der Dakinis.

Manchmal erlebe ich die Täuschung des Frierens;
dann trage ich eine Baumwollrobe als Bekleidung.
Zuzeiten glüht die wohltuende Tummo-Wärme.
Dann wieder versuche ich, so gut es geht, die Kälte zu ertragen.

Manchmal erlebe ich die Täuschung der Sehnsucht nach Freunden;
dann halte ich mich an das Urbewusstsein als Freund
und übe die zehn tugendhaften Handlungen,
verweile in der reinen Sichtweise
und erforsche tief den selbstgewahren Geist.

Ich, Yogi, bin ein Löwe unter den Menschen;
die vortreffliche Sicht ist meine volle türkisfarbene Mähne,
die vortreffliche Meditation meine Reißzähne und Krallen.
Auf den Gipfeln der Schneeberge übe ich meine Praxis
und möchte die Frucht mit all ihren guten Eigenschaften erlangen.

Ich, Yogi, bin ein Tiger unter den Menschen;
meine Stärke ist der vollständig entwickelte Erleuchtungsgeist.
Methode und Weisheit, untrennbar eins,
sind meine lächelnden Schnurrhaare,

strahlende Klarheit ist der Dschungel voller Arzneipflanzen,
in dem ich lebe;
mein Ziel ist, dass ich zum Nutzen der anderen wirken kann.

Ich, Yogi, bin ein Adler unter den Menschen;
klare Visualisierungen sind meine mächtigen Schwingen,
und Stabilität in den Vollendungsmethoden ist die
Geschmeidigkeit meiner Flügelfedern.
Beide vereinend, segle ich im Raum der absoluten Natur,
schlafe auf dem Felsen des wahren Sinnes
und möchte als Frucht die beiden Ziele erreichen.

Ich, Yogi, bin ein Erwachter unter den Menschen;
ich bin Milarepa
und hafte nicht an den Erscheinungen.
Ich habe keine Pläne,
bin ein heimatloser Yogi ohne jedes Ziel.
Ich bin ein Almosenempfänger, der nichts zu essen hat,
ein nackter Asket, der keine Kleider besitzt,
ein besitzloser Bettler,
der nichts auf äußere Erscheinungen gibt.
Ich handle ohne Berechnung
und bin ein Narr, der glücklich ist, wenn der Tod kommt.
Bin jemand, der nichts hat und nichts braucht.

Nur weil ihr glaubt, eure Bedürfnisse befriedigen zu müssen,
nehmt ihr Menschen Leiden und Schwierigkeiten in Kauf.
Ich brauche keinen Wohltäter, geh wieder nach Hause.
Der Yogi nimmt, was immer kommt.

Denke daran, freigebig zu sein
und mit guter Absicht tugendhaft zu handeln.
Mögest du lange leben, niemals krank werden
und das Glück eines kostbaren Menschenkörpers genießen.

Mögen wir uns im nächsten Leben in den reinen Gefilden

wiedertreffen,
die wahre Dharma-Lehre praktizieren
und dann zum Wohl der anderen wirken.«

So sang er. Der Mann fasste tiefes Vertrauen zu ihm und erwiderte: »Du kannst so leben, weil du der Siddha Milarepa bist. Ich bin ein Laie und um Verdienst anzusammeln, möchte ich dich mit allem Lebensnotwendigen versorgen, solange du hier lebst. Bitte nimm es an.« So kam es, dass Meister Milarepa während seines Aufenthaltes in der Erleuchtungsfestung von dem wohlhabenden Lhambar mit Nahrung versorgt wurde.

In der folgenden Zeit machte der Meister große Fortschritte in seiner Praxis und war bester Stimmung, als einige Dharma-Praktizierende aus Ragma zu Besuch kamen. Sie erkundigten sich, ob ihm der Ort gefalle und ob seine Praxis sich gut entwickelt habe. Der Meister erwiderte, dass der Ort sehr angenehm sei und er in seiner tugendhaften Praxis Fortschritte gemacht habe. Darauf sagten die Leute: »Das ist sehr gut. Bitte singe ein Loblied auf diesen lieblichen Ort, und erkläre uns darin, wie du praktizierst.« Als Antwort sang er dieses Lied:

»Dies ist die Erleuchtungsfestung, ein abgeschiedener Ort.
Droben auf den hohen Schneebergen wohnen die mächtigen Götter,
unten in den Tälern leben viele Haushälter mit Vertrauen in die Lehre.
Ein weißer Seidenvorhang verdeckt die Berge im Hintergrund.
Vor mir erstrecken sich Wälder mit allem Wünschenswerten
und dehnen sich weite Bergwiesen aus.
Die lieblich duftenden Blumen
werden von summenden Insekten umschwirrt,
an den Ufern von Teichen und Tümpeln
verdrehen Wasservögel ihre Hälse.
Im ausladenden Laubwerk der Bäume
zwitschert die anmutige Vogelschar.
Tanzende Sträucher wogen im Wind.

Auf den Wipfeln der hoch aufragenden Bäume
vollführen die Affen ihre Kunststückchen.
Die weiten sanftgrünen Bergwiesen
sind mit grasenden Vierbeinern übersät;
von den Viehhirten, die sie hüten,
ertönt Gesang und Flötenspiel.
Die Knechte weltlicher Begierde
überziehen die Erde mit weltlicher Geschäftigkeit.

Ich, Yogi, beobachte all dies
von meinem kostbaren, alles erhellenden Felsen aus.
Ich betrachte alle Erscheinungen als Beispiele der Vergänglichkeit,
meditiere, dass Sinnesobjekte wie das Wasser in einer Luftspiegelung sind,
betrachte das Leben als Traum und Illusion.
Ich praktiziere Mitgefühl für alle, denen dieses Verständnis fehlt,
nehme die himmelsgleiche Offenheit als Nahrung zu mir
und meditiere ohne jede Ablenkung.
So erfahre ich viele verschiedene Dinge.
Ach, alle samsarischen Phänomene in den drei Welten
existieren nicht, obwohl sie erscheinen – wie wundersam!«

So sang er, und voller Ehrfurcht für den Meister gingen die Leute nach Hause.

Dies ist die erste Geschichte über Ragma.

Die Himmelsfestung von Kyang-pen

NAMO GURU. Meister Milarepa ging von Ragma aus zur Himmelsfestung von Kyang-pen. Dort erschien eines Tages ein Affe, der auf einem Hasen ritt, einen Pilz als Schild trug und mit Pfeil und Bogen aus Strohhalmen bewaffnet war. Dieser Affe wollte herausfinden, ob er Milarepa verunsichern könnte. Der Djetsün musste lachen. »Ich kam in der Hoffnung, dir Angst zu machen. Wenn du keine Angst hast, gehe ich wieder«, erklärte der Kobold.

Der Djetsün sagte zu ihm: »Ich habe keine Zweifel mehr darüber, dass alle Erscheinungen im Geist erfahren werden, und habe erkannt, dass die Natur des Geistes Dharmakaya ist. Egal, welchen Spuk ihr Geister hier treibt, für einen Yogi wie mich ist das nur Grund zum Lachen.«

Der Kobold gelobte ihm zu dienen und verschwand, indem er sich wie ein Regenbogen auflöste – er war der Königskobold[25] von Drotang. Später kamen einige Bewohner von Drotang zu Besuch. Als sie den Djetsün nach den Vorzügen des Ortes fragten, antwortete er mit diesem Lied:

»Ich bete zum ehrwürdigen Lama.
Kennt ihr die Vorzüge dieses Ortes?
Falls ihr sie nicht kennt:
Dieser einsame Ort ist die Himmelsfestung von Kyang-pen.
Über dem Palast der Himmelsfestung
ballen sich purpurne Wolken zusammen,
weit unten fließt der blaue Tsangpo-Fluss,
dahinter ragt der Rote Felsen in den Himmelsraum,
davor breiten sich blumenübersäte Bergwiesen aus.
An seinen Hängen brüllen die Raubtiere,
und Adler kreisen nahe den Abhängen.

25 Eine Art von Geist.

Vom Himmel fällt ein leiser Nieselregen.
Unablässig summen Insekten ihre Melodie,
Hirsche und Wildesel springen mit ihren Jungen umher,
Meerkatzen und Rhesusaffen vollführen ihre Kunststückchen.

Vielstimmig trällern die Lerchen mit ihren Jungen,
und die Schneehühner singen ihr Lied.
Aus der Tonerde rieselt, lieblich plaudernd, das Wasser.

Die Sprache der Jahreszeiten ist eine Freundin der Erfahrungen.
Die unermesslichen Vorzüge dieses Ortes
habe ich voll Freude in diesem Lied besungen.
Und um euch eine Unterweisung zu geben,
ihr hier versammelten Wohltäter, Männer und Frauen,
folgt meinem Beispiel, tut es mir nach;
gebt schlechtes Handeln auf, und handelt tugendhaft!«

Unter den Anwesenden war ein tantrischer Yogi, der ihn bat: »Verehrter Djetsün, als Begrüßungsgeschenk und als Festmahl für uns Besucher erkläre uns bitte eine leicht verständliche und einfach auszuführende Praxis in Bezug auf Sicht, Meditation und Handlung.« Als Antwort sang der Meister dieses Lied:

»Möge der Segen des Lamas den Geist durchdringen!
Gib deinen Segen, dass wir Offenheit verstehen.
Als Antwort auf die Bitte der vertrauensvollen Wohltäter
singe ich ein Lied, das die Yidam-Gottheiten erfreuen wird.

Erscheinungen, Offenheit und ihre Untrennbarkeit,
diese drei fassen die Sichtweise zusammen.

Klarheit, Nichtdenken und Unzerstreutheit,
diese drei fassen die Meditation zusammen.

Kein Verlangen, kein Anhaften und die Dinge zu Ende führen,
diese drei fassen die Handlungsweise zusammen.

Keine Hoffnung, keine Furcht und keine Täuschung,
diese drei fassen die Frucht zusammen.

Keine Heuchelei, keine Hinterlist und keine Falschheit,
diese drei fassen den Vajra-Eid zusammen.«

So sang er. Mit gestärktem Vertrauen gingen die Anwesenden nach Hause. Einige Tage später kamen erneut viele Dharma-Praktizierende zu Besuch; jene, die schon zuvor gekommen waren, begrüßten ihn und erkundigten sich nach seinem Befinden. Er antwortete mit diesem Lied:

»Ich verbeuge mich zu Füßen des wahren Lamas!
Milarepa ist glücklich in seiner Meditation
in der menschenleeren Abgeschiedenheit dieses Waldes.
Er ist glücklich beim Gehen und Sitzen,
weil er kein Verlangen und keine Begierde hat.
Er fühlt sich wohl in seinem illusorischen Körper,
der frei von Krankheiten ist.
Er fühlt sich wohl im Sitzen und braucht sich nicht hinlegen.
Er ist glücklich in tiefer Meditation,
die frei von begrifflichem Denken ist.
Er fühlt sich wohl mit der Tummo-Wärme und friert nicht mehr.
Er ist glücklich mit seiner yogischen Disziplin und ist unverzagt.
Er ist glücklich mit seiner Art von Feldarbeit,
die frei von Mühsal ist.
Er ist glücklich mit seinem Leben
an einem abgelegenen Ort ohne jede Zerstreuung.
Soweit zu meinem körperlichen Befinden.

Ich bin glücklich auf dem Weg von Methode und Weisheit.
Ich bin glücklich mit meiner Praxis,
die Entwicklungs- und Vollendungsstufe vereint.
Ich fühle mich glücklich mit meiner Achtsamkeit,

bei der ich die Atembewegungen nicht spüre.
Ich bin glücklich zu schweigen
und brauche keinen Gefährten zum Reden.
Das ist mein sprachliches Befinden.

Ich verweile glücklich in der ungreifbaren Sichtweise.
Ich verweile glücklich in fortwährender Meditation.
Ich bin glücklich mit meiner unverdorbenen Handlungsweise.
Ich bin zufrieden mit der Frucht – frei von Hoffnung und Furcht.
Das ist mein geistiges Befinden.

Ich verweile glücklich in der unveränderlichen strahlenden Klarheit,
frei von Denken.
Ich verweile glücklich in der reinen Dimension großen Glücks.
Ich verweile glücklich im Raum der ungehinderten Wahrnehmungen.

Mit dieser kleinen Melodie vom höchsten Glück
habe ich meine Erfahrungen in ein Lied gefasst.
Es stellt die Einheit von Sicht und Handlung dar.
Wer in Zukunft Erleuchtung erlangen will,
sollte in gleicher Weise praktizieren!«

So sang er. Die Dharma-Schüler fragten: »Diese Glücksempfindungen von Körper, Rede und Geist sind wahrlich wunderbar. Wodurch sind sie entstanden?«

»Sie entspringen aus der Erkenntnis der Natur des Geistes.«

»Auch wenn Leute wie wir nicht dasselbe Glück wie du erfahren können, so hoffen wir doch, wenigstens ein klein wenig davon zu erfahren. Bitte gib uns eine leicht verständliche und einfach auszuführende Praxis, und sage uns, wie wir durch Meditation die Natur des Geistes erkennen können«, baten sie. Darauf antwortete der Djetsün mit diesem Lied über die zwölf geistigen Güter:

»Ich verbeuge mich zu Füßen des wahren Lamas!
Ihr möchtet die Natur des Geistes erkennen –
praktiziert daher wie folgt:

Vertrauen, Wissen und Disziplin
sind die Hauptstütze des Geistes.
Einmal errichtet, ist sie standfest,
wenn sie eingerammt ist, ist man glücklich.
Falls ihr eine Stütze braucht, macht so eine!

Begierdelosigkeit, Nichthaften und geistige Wachheit
sind der Harnisch des Geistes –
leicht zu tragen, hieb- und stichfest.
Falls ihr einen Harnisch braucht, macht so einen!

Meditation, Ausdauer und Durchhaltevermögen
sind das Pferd des Geistes.
Es läuft schnell und entkommt, wenn es flieht.
Falls ihr ein Pferd braucht, nehmt dieses!

Selbstgewahrsein, Eigenstrahlkraft
und selbstexistierendes Glück,
diese drei sind die Frucht des Geistes.
Einmal gesät, reift sie und ist gehaltvolle Nahrung.
Falls ihr eine Frucht braucht, nehmt diese!

Dieses Lied über die zwölf geistigen Güter
gibt meine yogische Erfahrung wieder.
Ihr Wohltäter, praktiziert dies mit Vertrauen!«

So sang er. Alle Anwesenden fassten tiefes Vertrauen und versorgten ihn auch weiterhin vorzüglich. Der Djetsün beschloss, sich nun auf den Weg zu den Schneebergen von Yolmo zu machen.

Dies war die Geschichte über die Himmelsfestung von Kyang-pen.

In den Schneebergen von Yolmo

NAMO GURU. Milarepa, der machtvolle, heilige Yogi, wanderte von Kyang-pen aus in die Berge von Yolmo[26], so wie sein Lama es ihm aufgetragen hatte. Er lebte dort in der Tigerhöhle Senge-dzong, die in den Wäldern von Singa-ling liegt.

Die Ortsgöttin von Yolmo erschien ihm von Anfang an in friedlicher und lieblicher Gestalt. Sie erwies ihm höchste Ehrerbietung und versprach, sie werde seinen Anordnungen gehorchen.

Später, als die Meditation des Djetsün große Fortschritte gemacht hatte, kamen fünf junge Nonnen von Mön-yul, baten ihn um Belehrungen und fragten: »Dieser furchteinflößende Ort scheint sich sehr gut für eine tiefe Meditationspraxis zu eignen. Hat der Lama das auch so erfahren?« Darauf antwortete er mit diesem Lied, in dem er den Ort lobt und seine Meditationserfahrungen schildert:

»Ich verbeuge mich zu Füßen des heiligen Lamas!
Dank meines Verdienstes konnte ich den Meister treffen
und bin nun zu dem Ort gelangt,
von dem mein Lama in seinen Prophezeiungen sprach.

Auf den schönen, bewaldeten Bergen von Mön-yul
mit ihren blumenübersäten Grashügeln
wiegen sich die hohen Laubbäume im Tanz,
und Meerkatzen und Rhesusaffen spielen in ihnen.
Vögel singen ihr vielstimmiges Lied,
und allerlei Käfer fliegen summend umher.
Regenbögen schimmern Tag und Nacht,
ein befruchtender Regen benetzt das Land Sommer wie Winter.
Herbst wie Frühling in Nebel gehüllt,
ist dieser abgelegene Ort,

26 Eine Gegend in Nordnepal an der Grenze zu Tibet.

wo ich, der Yogi Milarepa, lebe.

Ich bin glücklich in der strahlend klaren Meditation
über die Offenheit des Geistes,
äußerst glücklich, dass das Spiel der Erscheinungen nie aufhört,
und werde immer glücklicher,
je größer das Auf und Ab der Erfahrungen ist.

Ich bin glücklich in meiner Daseinsform, frei von schlechtem
Karma,
äußerst glücklich über jede Art von Chaos,
und werde immer glücklicher,
je wilder die furchterregenden Erscheinungen sind.

Ich bin glücklich über das gleichzeitige Erscheinen
und Vergehen der gestörten Gefühle,
äußerst glücklich über jede Steigerung der Gefahr
und noch glücklicher, wenn ich nicht krank bin.

Ich bin glücklich, denn ich erfahre Leid als Glück,
bin äußerst glücklich
mit den Erfahrungen der yogischen Körperübungen
und noch glücklicher beim Springen, Laufen und Tanzen.

Glücklich bin ich mit meiner Sprache,
einer Schatzkammer spontan entstehender Lieder,
äußerst glücklich mit der Melodie gesungener Worte
und noch glücklicher, wenn ich damit Verdienst ansammeln
kann.

Ich bin glücklich im Raum meines mutigen und starken Geistes,
äußerst glücklich über alles, was sich spontan von selbst
präsentiert,
und werde immer glücklicher, je mehr erscheint.

Des Yogis glückliche Erfahrungen
sind sein Begrüßungsgeschenk
beim Treffen mit seinen hingebungsvollen Kindern.«

So sang er. Dann gab er ihnen tantrische Ermächtigungen und Unterweisungen und schickte sie zum Meditieren. Da sie gute meditative Erfahrungen und Erkenntnisse hervorbrachten, freute sich der Djetsün und sang »Die Melodie von den Erfahrungen, die durch den Nektar der mündlichen Unterweisungen entstehen«:

»Mein Lama, du bist ein Buddha und mit dem Dharmakaya eins,
du zeigst den untrüglichen Weg zur Befreiung,
und dein mitfühlendes Handeln gereicht zum Segen der Lebewesen.
Untrennbar von mir weilst du als mein Kronjuwel!

Ihr hier anwesenden Dharma-Schüler,
das heilige Dharma kann auf viele Arten geübt werden.
Besonders begünstigt ist, wer den tiefgründigen Weg praktiziert.
Wollt ihr Buddhaschaft in einem Leben erlangen,
solltet ihr eure Selbstsucht nicht zu stark werden lassen.
Werdet ihr von ihr überwältigt, begeht ihr vielerlei Taten, gute wie schlechte,
und fallt in die niederen Daseinsbereiche.

Erweist ihr dem Lama Dienste,
solltet ihr euch nicht zuviel darauf einbilden,
sonst werdet ihr Schüler mit dem Lama unzufrieden.
Geschieht dies, kann das angestrebte Ziel nicht erreicht werden.

Wollt ihr eure Vajra-Eide und Gelübde bewahren,
solltet ihr nicht in den Ortschaften der Laien schlafen,
sonst entwickelt ihr schlechte Gewohnheiten.

Geschieht dies, richtet ihr eure Vajra-Eide und Gelübde
zugrunde.

Wenn ihr Dharma-Studien nachgeht,
seid nicht zu stolz auf bloße Worte,
sonst entzündet sich das erloschene Feuer der fünf Geistesgifte
von neuem.
Ist es wieder angefacht, stört es den Wunsch nach tugendhafter
Praxis.

Wenn ihr zusammen mit Freunden meditiert,
solltet ihr euch nicht mit allem möglichen beschäftigen,
sonst werdet ihr von der tiefgründigen Praxis abgelenkt.
Seid ihr abgelenkt, werdet ihr
vom Segen der Lehre Buddhas abgeschnitten.

Wenn ihr die Methoden der mündlichen Überlieferung
praktiziert,
benutzt ihren Segen nicht, um Dämonen zu bannen,
sonst wird sich der eigene Geist als Dämon erheben,
und ihr werdet tüchtig nur im Ausüben von Dorfritualen.

Wenn ihr über spirituelle Erfahrungen und Erkenntnisse
verfügt,
erzählt nicht hochmütig, ihr hättet übersinnliche
Wahrnehmungen,
sonst richtet ihr die geheime Zeichensprache zugrunde.[27]
Geht diese verloren, vermindern sich die guten Eigenschaften,
die Zeichen des spirituellen Weges.

Habt ihr diese Fehler eingesehen, lasst sie sein!
Tut nichts Schlechtes, und esst keine ergaunerte Nahrung,
tragt keinen Nachlass mit dem Stempel des Toten weg,[28]

27 Die Möglichkeit, Siddhis zu erlangen, verfliegt.
28 Besitz, der nicht ausdrücklich vom Verstorbenen vermacht wurde.

führt keine schmeichlerischen Reden,
seid bescheiden, und stellt euch auf eigene Füße.«

»Meister, erkläre uns bitte, wie wir uns auf eigene Füße stellen sollen«, sagten die Nonnen, worauf er mit diesem Lied antwortete:

»Ich bete zu meinem gütigen Meister!
Gewähre dem Bettler deinen Segen,
damit er mit seiner Praxis glücklich ist.

Ihr jungen Schülerinnen, Neulinge in der Praxis!
In Ortschaften voller Betrug, voller gutem und schlechtem Karma
wurdet ihr als Kinder nicht vom Segen abgeschnitten
und hörtet die Lehre Buddhas,
habt euch nicht auf falschen Wegen verloren und mich getroffen.
Ihr konntet Meditation üben, weil ihr viel Verdienst angesammelt habt,
und ihr brachtet durch den Segen des Lamas
spirituelle Erfahrungen und Erkenntnisse hervor.
Sie nur hervorzubringen nützt aber nichts,
ihr müsst fest auf eigenen Beinen stehen.
Diese Unterweisungen, wie man selbständig wird,
gebe ich euch voller Liebe, so hört gut zu!

Wenn ihr in der Abgeschiedenheit der Berge lebt,
denkt nicht an die Vergnügungen in den Ortschaften,
sonst zerstreuen die Maras den Geist.
Richtet den Geist nach innen,
so werdet ihr fest auf eigenen Beinen stehen.

Wenn ihr Standfestigkeit in der Meditation entwickeln wollt,
haltet euch vor Augen, wie ungewiss der Zeitpunkt des Todes ist,

und erinnert euch an die unbefriedigende Natur des
Daseinskreislaufs.
Hegt nicht den Wunsch nach Glück in diesem Leben.
Lernt es, Schwierigkeiten auf euch zu nehmen,
so werdet ihr fest auf eigenen Beinen stehen.

Wenn ihr tiefgründige Unterweisungen über die Meditation
erhalten habt,
strebt nicht nach Wissen und Gelehrtheit,
sonst seid ihr nur noch auf Dorfrituale aus.
Mit solcher Art von Tüchtigkeit
verschwendet ihr sinnlos euer Menschenleben.
Übt bescheidene Zurückhaltung,
so werdet ihr fest auf eigenen Beinen stehen.

Wenn verschiedene spirituelle Erfahrungen und Erkenntnisse
entstehen,
verfallt nicht in den Eigendünkel, darüber sprechen zu wollen,
sonst werden die Mamos und Dakinis verärgert.
Meditiert ohne Ablenkung,
so werdet ihr fest auf eigenen Beinen stehen.

Wenn ihr mit dem Lama zusammen seid,
prüft nicht, welche Stärken und Schwächen er hat,
sonst werdet ihr unzählige Fehler in ihm sehen.
Übt euch in reiner Wahrnehmung,
so werdet ihr fest auf eigenen Beinen stehen.

Wenn ihr zusammen mit Vajra-Brüdern und -Schwestern
tantrische Ermächtigungen erhaltet,
wünscht euch nicht, ganz vorne zu sitzen und alles besser
zu wissen,
sonst wird durch Anziehung und Abneigung euer Vajra-Eid
verletzt.
Seid harmonisch miteinander,
so werdet ihr fest auf eigenen Beinen stehen.

Wenn ihr in die Ortschaften zum Betteln geht,
betrügt die Menschen nicht mit falschen Lehren,
sonst fallt ihr in die niederen Daseinsbereiche.
Handelt geradeheraus, so werdet ihr fest auf eigenen Beinen stehen.

Seid niemals selbstgefällig und selbstsüchtig,
sonst werdet ihr blasierte Dharma-Figuren.
Gebt Lüge und Betrug auf, so bleibt ihr innerlich unabhängig.

Für Menschen, die innerlich selbständig werden wollen,
gebe ich diese Unterweisungen, wie man sich auf eigene Füße stellt.
Ich gebe sie euch zu eurem eigenen Nutzen und dem der anderen,
bewahrt diese Gabe in eurem Herzen!«

Die fünf Nonnen waren fest entschlossen, fleißig zu praktizieren und weltlichen Beschäftigungen zu entsagen. Mit tiefster Hingabe brachten sie dem Djetsün ein goldenes Mandala dar und ersuchten ihn um eine Praxis, die die Essenz von Sicht, Meditation und Handlungsweise umfasst.

Der Djetsün erwiderte: »Benutzt das Gold, um Proviant für eure Praxis zu besorgen. Die Kernpunkte von Sicht und Meditation sind folgendermaßen«, und er sang dieses Lied über die Schlüssel zu Sicht, Meditation und Handlungsweise:

»Gib deinen Segen, dass die Sicht, Meditation und Handlungsweise,
so wie sie vom Lama Marpa erklärt wurden,
in diesem Lied unverfälscht zum Ausdruck kommen.

Drei Schlüsselpunkte erklären die Sicht.
Drei Schlüsselpunkte zeigen die Meditation.
Drei Schlüsselpunkte enthüllen die Handlungsweise.
Drei Schlüsselpunkte erklären die Frucht.

Die drei Schlüsselpunkte der Sicht werden so erklärt:
die Erscheinungswelt besteht im Geist,
der Geist ist von Natur aus strahlend klar,
und diese Natur ist ungreifbar.

Die drei Schlüsselpunkte der Meditation werden so erklärt:
Gedanken befreien sich im Dharmakaya;
das ist eine Erfahrung von Bewusstheit, Klarheit und Glück,
und darin verweilt man, ohne etwas dazuzutun.

Die drei Schlüsselpunkte der Handlungsweise werden so erklärt:
die zehn guten Handlungen werden spontan ausgeführt,
die zehn schlechten Handlungen werden natürlich geläutert;
außer strahlend klarer Offenheit braucht man keine Gegenmittel.

Die drei Schlüsselpunkte der Frucht werden so erklärt:
Nirvana wird nicht anderswoher erlangt,
Samsara wird nicht anderswohin abgeschoben.
Man hat die zweifelsfreie Gewissheit,
dass Buddhaschaft im eigenen Geist liegt.

Von allen Schlüsselpunkten ist einer der wichtigste:
es ist der Schlüsselpunkt der offenen, absoluten Natur.
Er wird von einem wahren Meister enthüllt.
Wenn man zu beschäftigt ist, begreift man ihn nicht;
versteht man, dass die offene, absolute Natur innewohnend ist,
dann hat man ihn begriffen.

Für alle Dharma-Praktizierenden ist dieses Lied ein Juwel;
es ist aus meiner yogischen Erfahrung entsprungen.
Ihr Schüler, bewahrt es in eurem Herzen.«

Die Schülerinnen sagten: »Damit wir diese Schlüsselpunkte fehlerlos in die Praxis umsetzen können, gibt es doch nichts Besseres, als von ganzem Herzen zum Wurzel-Lama, unserem Wegführer, zu beten!« Erfreut erwiderte der Djetsün: »Die Wurzel des Wegführers hat folgende Verästelungen«, und er sang dieses Lied:

»Der Lama, seine Belehrungen und die Schüler,
Standfestigkeit, Durchhaltevermögen in schwierigen
Situationen
und Vertrauen, Intelligenz, Mitgefühl und ein guter Charakter,
dies sind die immerwährenden Wegführer.

Abgeschiedenheit ohne Zerstreuungen
ist der Wegführer zum Bewahren der Konzentration.

Ein vollendeter Meister
ist der Wegführer, der die Dunkelheit beseitigt.

Unerschütterliches Vertrauen ist der Wegführer,
der zu den glücklichen Daseinsformen führt.

Das Prüfen der fünf Sinneswahrnehmungen
ist ein Wegführer, der alles befreit, was im Geist aufsteigt.

Die mündlichen Unterweisungen der Kagyü-Lamas
sind der Wegführer, der die drei Buddha-Körper zeigt.

Die Zuflucht zu den Drei Juwelen
ist der Wegführer, mit dem man nicht irregehen kann.

Von diesen sechs Wegführern geleitet,
gelangt der Yogi zur Ebene des großen Glücks;
er lebt in der von jeder Begrifflichkeit freien Erfahrung,
er verweilt glücklich im Selbstgewahrsein und der
Selbstbefreiung;
durch seine Gewissheit und direkte Erfahrung
ist er innerlich unabhängig.

In diesem menschenleeren Land ertönt
das Freudenlied des Yogis wie Donner.
Ein segensreicher Regen fällt in den zehn Himmelsrichtungen,
die Blüten des Mitgefühls öffnen sich,
die reine Frucht des Erleuchtungsgeistes reift heran,
und die erleuchtete Aktivität durchdringt alles.«

So sang er. Die Nonnen dachten bei sich: »Für den Lama spielt es keine Rolle, wo er sich aufhält; wir sollten ihn in unsere Heimatprovinz einladen« und ersuchten ihn: »Verehrter Lama, nichts kann deine Praxis mehr beeinträchtigen, und du brauchst nicht mehr zu meditieren. Komm bitte in unsere Heimatprovinz, und ermögliche es den Menschen dort, Verdienst anzusammeln. Wir bitten dich, zum Nutzen der Lebewesen das Dharma-Rad zu drehen.«

Der Djetsün erwiderte: »Durch meine Meditationspraxis in der Bergeinsamkeit wirke ich bereits zum Nutzen der Lebewesen. Auch wenn meine Praxis nicht mehr beeinträchtigt werden kann, entspricht es dem Heldenmut eines großen Meditierenden, in den Bergen zu leben«, und er sang dieses Lied:

»Die Güte des Lamas vergelte ich mit meiner Praxis.
Gewähre deinen Segen,
damit mein Bewusstsein reift und befreit wird.
Für euch gesegnete Dharma-Schülerinnen,
die ihr hier versammelt seid,
singe ich ein Lied tiefgründiger Unterweisungen.
Seid aufmerksam und hört gut zu!

Die Schneelöwin auf den Gletscherhöhen
reckt sich stolz auf den Gipfeln der Schneeberge.
Sie fürchtet sich vor niemandem.
Sich hochmütig auf den Schneebergen recken
zeigt der Löwin Heldenmut.

Der königliche Geier von den Roten Felsen
streckt seine Schwingen in den Himmelsraum.

Der Geier fürchtet sich nicht, in den Abgrund zu stürzen.
Am Himmel segeln zeigt seinen Heldenmut.

In den Flüssen und Seen dort unten
übt sich der Fisch im Schwimmen.
Der Fisch fürchtet sich nicht vor dem Ertrinken.
Durch das Wasser gleiten zeigt seinen Heldenmut.

In den Baumästen der Hügel von Mön
übt der Affe seine Gelenkigkeit.
Der Affe fürchtet sich nicht, herunterzufallen.
Verspieltheit ist seine Natur.

Im Regenbogenzelt des Dschungeldickichts
erprobt der gestreifte Bengaltiger seine Kraft.
Der Tiger kennt keine Furcht.
Kraftprotzerei ist seine Natur.

In den Wäldern von Singala
meditiert Milarepa über die Offenheit.
Er fürchtet nicht, seine Meditationspraxis zu verlieren.
Sein Heldenmut zeigt sich darin, dass er lange Zeit meditiert.

Er praktiziert ohne Ablenkung
im Mandala des reinen Dharmadhatu.
So fürchtet er nicht, in die Irre zu gehen.
Sein Heldenmut zeigt sich darin,
dass er unbeirrbar den Schlüsselpunkt der Praxis bewahrt.

Durch die Praxis mit Energiebahnen, Energiefluss und Vitalkraft
erfährt man viele Hindernisse und Schwierigkeiten.
Das bedeutet nicht, dass die Belehrungen falsch sind,
sondern es ermöglicht, schnell Erfolgszeichen hervorzubringen.

Wenn man ungezwungen die yogische Handlungsweise
praktiziert
und viele verschiedene Verhaltensweisen zeigt,
bedeutet es nicht, dass man Gedanken dualistischer
Wahrnehmung hat,
sondern es ist die Voraussetzung,
um bestimmte Qualitäten zu entwickeln.

Wenn die karmische Kraft unserer Handlungen reift,
nimmt man das Wesen von Tugend und Untugend wahr.
Dies bedeutet nicht, dass man in der Meditation
fehlgegangen ist,
sondern dass die Wahrheit über die verschiedenen Arten
von Karma
zum Vorschein kommt.

Große Meditierende, die selbständig praktizieren können,
haben wenig Begehren nach weltlichen Dingen
und kein Verlangen zu reden.
Dies sind innere Zeichen, dass sie frei von Anhaftung sind.

Yogis, die tiefgründige Methoden üben,
halten sich auf Bergen und Felsen auf.
Sie tun dies nicht, weil sie etwas vorgaukeln wollen
oder sich nicht benehmen können,
sondern weil sie einsgerichtet meditieren möchten.

All diese Lieder des Repas
sind nicht bloße Zungenfertigkeit zu eurer Unterhaltung,
sondern tiefgründige, aufrichtige Worte von großem Nutzen
für euch, hier anwesende vertrauensvolle Schüler.«

So sang er. Da erwiderten sie: »Bitte berücksichtige, dass man zumindest geeignete Bedingungen wie eine Meditationshütte und dergleichen braucht, wenn man schon ganz in der Bergwildnis lebt.« Der Djetsün erwiderte: »Meine Meditationshütte und die anderen günstigen Bedingungen sind folgendermaßen«, und er sang dieses Lied:

»Ich verbeuge mich zu Füßen meines Vaters,
des wunscherfüllenden Juwels.
Gewähre deinen Segen, dass deine Kinder geeignete
  Bedingungen finden,
und führe uns zur Gewissheit,
dass der eigene Körper ein Palast der Gottheit ist.

Weil ich einstürzende Häuser fürchtete,
errichtete ich das Haus der offenen, absoluten Wirklichkeit.
Jetzt habe ich keine Sorge mehr, dass es einstürzt.

Weil ich Kälte fürchtete,
verschaffte ich mir das Kleidungsstück der Tummo-Wärme.
Jetzt fürchte ich mich nicht mehr vor Kälte.

Weil ich Armut fürchtete,
suchte ich den Schatz der sieben edlen Reichtümer.
Jetzt fürchte ich mich nicht mehr vor Armut.

Weil ich Hunger fürchtete,
verschaffte ich mir die Nahrung der tiefen Meditation
in der letztendlichen Wirklichkeit.
Jetzt fürchte ich mich nicht mehr vor Hunger.

Weil ich Durst fürchtete,
besorgte ich mir die Ambrosia der Achtsamkeit als Getränk.
Jetzt fürchte ich mich nicht mehr vor Durst.

Weil ich Traurigkeit fürchtete,
suchte ich mir das Glück der Offenheit als beständigen Freund.
Jetzt fürchte ich mich nicht mehr vor Traurigkeit.

Weil ich Irrtümer fürchtete,
suchte ich den breiten Weg der Einheit.
Jetzt fürchte ich nicht mehr, in die Irre zu gehen.

Ich Yogi besitze alle Schätze, die man sich nur wünschen kann,
und bin glücklich, wo immer ich lebe!

In der Tigerhöhle von Senge-dzong in Yolmo
ist das Tigergebrüll angsteinflößend.
Es zwingt mich unwillkürlich zu strikter Zurückgezogenheit.
Für die sich im Spiel tummelnden Tigerjungen empfinde ich
Mitgefühl;
es bringt mich ganz von selbst dazu,
den Erleuchtungsgeist zu praktizieren.

Die Schreie der Affen gehen mir zu Herzen;
durch sie werde ich unwillkürlich mit Entsagung erfüllt.
Das Geschrei der Affenjungen ist zum Lachen;
es bringt mich ganz von selbst dazu,
den Erleuchtungsgeist zu üben.

Die lieblichen Kuckucksrufe machen mich traurig,
sie lassen mich unwillkürlich Tränen vergießen.
Das Lerchengeträller ist lieblich für's Ohr,
es lässt mich unwillkürlich zuhören.
Die verschiedenen Krähenrufe
sind ein Freund der Yogis und helfen dem Gemüt.

Wenn man an einem Ort wie diesem lebt,
ist man ganz von selbst glücklich,
und ganz besonders glücklich,
wenn man keinerlei Freunde hat.
Möge durch diese Melodie über die Freuden des Yogis
das Leid der Lebewesen beseitigt werden.«

So sang er. Die Schüler, die damals bei ihm waren, wurden des Samsara überdrüssig und entsagten ihm, indem sie versprachen, nie mehr die Berge zu verlassen. Durch ihre Meditation vollendeten sie ihre tugendhafte Praxis.

Danach erhielt der Djetsün von seiner Yidam-Gottheit eine Prophezeiung, dass er nun nach Tibet gehen und dort zum Wohl der Lebewesen wirken solle, indem er weiterhin in den Bergen meditiere. So werde er der buddhistischen Lehre und den Lebewesen von Nutzen sein. Der Djetsün entschloss sich also nach Tibet zu gehen.

Dies war die Geschichte in den Schneebergen von Yolmo.

Wie Göttermädchen in Taubengestalt Gaben darbringen

NAMO GURU. Der Djetsün Milarepa folgte der Prophezeiung und ging von Yolmo aus nach Tibet. Als er, allein wie ein Nashorn, in der Höhle von Kuthang in der Erfahrung strahlender Klarheit verweilte, erschien eines Tages eine Taube mit goldenem, lose herabhängendem Ohrschmuck. Nickend umkreiste sie ihn viele Male, verbeugte sich dabei mit geneigtem Kopf und flog dann zu einer sauberen Stelle auf einem Felsen.

Der Djetsün erkannte, dass er von Geistern eingeladen worden war, und ging ihr nach. Dabei stieß er auf einen Haufen weißen Reises, den die Taube ihm darbrachte, indem sie mit dem Schnabel darauf wies. Sie tippelte um ihn herum, verbeugte sich dabei wie zuvor und flog dann davon. Erfreut und verwundert sang der Djetsün dieses Lied:

»Emaho! Gütiger Marpa Lhodragpa!
Von Herzen denke ich an dich,
und im Herzen visualisiere ich dich
und bete immer wieder, nie von dir getrennt zu sein.
Wenn ich den Segen des Lamas erfahre[29], bin ich glücklich.

Alala! Indem ich erkenne, dass Erscheinungen
die Natur des ungeborenen Dharmakaya haben,
gehe ich ganz natürlich im Dharmakaya auf.
Hier gibt es keine Berechnung, ob die Sichtweise hoch oder
 niedrig ist.
Dieser natürliche Geist ist glücklich.

29 Wörtlich: meinen Geist mit dem des Lamas mische. Dies bedeutet, durch die eigene Hingabe und die Segenskraft des Lamas die Natur des Geistes zu erfahren.

Das Wesen des Geistes ist strahlend klar und offen.
Indem ich seine dreifache Natur –
Klarheit, Offenheit und Gewahrsein – erkenne,
gehe ich ganz natürlich in der unveränderlichen
Wirklichkeit auf.
Hier gibt es keine Berechnung, ob die Meditation gut oder
schlecht ist.
Dieser natürliche Geist ist glücklich.

Indem ich die sechs Wahrnehmungen belasse, wie sie sind,
und die Untrennbarkeit von Subjekt und Objekt erkenne,
vermischen sich Glück und Leid zu einem Geschmack,
und ich gehe ganz natürlich in der unveränderlichen
Wirklichkeit auf.
Hier gibt es keine Berechnung, ob das Handeln richtig oder
falsch ist.
Dieser natürliche Geist ist glücklich.

Indem ich erkenne, dass die verschiedenen
Nirmanakaya-Formen
von der Natur des Dharmakaya sind und dieser die Frucht ist,
gehe ich in der ›Befreiung durch Achtsamkeit‹ auf,
in der sich alles Entstehende selbst befreit.
Ich hege keinen Wunsch nach bestimmten Gedanken.
Dieser natürliche Geist ist glücklich.«

Als er das Lied beendet hatte, kam die Taube mit sieben Freundinnen zurück. Sie umkreisten den Djetsün und verbeugten sich vor ihm. Der Djetsün dachte bei sich: »Das sind Geister, mal sehen, ob sie die Wahrheit sagen oder nicht«, und er fragte sie: »Wer seid ihr, und weshalb seid ihr gekommen?« Die Göttermädchen beendeten den Spuk und erschienen in ihrer wirklichen Gestalt.

Ihre Anführerin, die schon vorher bei ihm gewesen war, sagte: »Wir Göttermädchen sind gekommen, weil wir dir vertrauen. Bitte unterweise uns im Dharma.« Darauf antwortete der Djetsün mit diesem Lied:

»Oh Meister, wunderbarer Ausstrahlungskörper!
Gewähre deinen Segen mit unvermindertem Mitgefühl!

Ihr acht bezaubernden Göttermädchen,
die ihr euch dem Dharma gemäß verhaltet,
die ihr durch Zauberei in blauer Taubenform erschienen seid,
wenn ihr die tugendhafte Lehre des Buddha praktizieren wollt,
vergesst den Sinn dieses Liedes nicht.

Das Glück eines weltlichen Daseins
mag zwar angenehm erscheinen, geht aber schnell vorüber.
Insbesondere ein selbstzufriedenes, wohlgeformtes Göttermädchen
hat scheinbar eine hohe Daseinsform erreicht,
doch ist auch diese nicht beständig.

Ein Gatte in diesem Kreislauf des Leids
scheint etwas Angenehmes zu sein, doch bringt er viele Sorgen.
Selbst ein Sohn aus guter Familie leidet sehr,
wenn er zu nichts Gutem fähig ist.
Selbst Schüler eines hervorragenden Lamas
fallen in den samsarischen Kreislauf zurück,
wenn sie schlecht handeln.

Ihr Göttinnen in Taubengestalt wollt im Dharma unterwiesen werden,
doch ist es schwer für euch, Vertrauen zu fassen.
Wenn ihr unbedingt das Dharma praktizieren wollt,
müsst ihr einsehen, dass die Vorzüge dieser Welt
in Wirklichkeit Nachteile sind,
und verstehen, dass alle schwierigen Umstände dieses Lebens
Helfer zur Erleuchtung sind.
Für mich sind schlechte Umstände äußerst segensreich.
Auch ihr solltet verstehen, dass dies so ist!«

So sang er. Die Göttinnen entgegneten: »Das wollen wir tun«, während sie lächelnd um ihn herumgingen und sich verbeugten. Der Djetsün fragte: »Weshalb habt ihr euch in Tauben verwandelt, als ihr hierherkamt?«

Sie erwiderten: »Mit unserem göttlichen Auge sahen wir, dass du keinerlei Anhaftung an dieses Leben und an den eigenen Vorteil mehr hast, dass du allen Zerstreuungen entsagend, ganz alleine und unentwegt Meditation praktizierst, damit du zum Nutzen der anderen Erleuchtung erlangst. Dadurch schöpften wir Vertrauen und kamen, um Dharma-Belehrungen zu erbitten. Wir verwandelten uns, weil wir unsere Form vor sündhaften Menschen verbergen wollten. Wir bitten dich, komm ins Götterreich und lehre das Dharma.«

Der Djetsün erklärte: »In diesem Leben bleibe ich in der Menschenwelt und sorge hier für das Wohl der Lebewesen. In die Götterwelt brauche ich nicht zu gehen, da sie ohnehin gehaltlos ist. Selbst wenn ich in die Götterwelt ginge, könnte ich dort nichts ausrichten. Ihr aber solltet wie folgt praktizieren«, und er sang dieses Lied:

»Ich verbeuge mich zu Füßen des Marpa Lhodrag,
mein Vater-Lama, gewähre mir die Siddhis durch deinen Segen!

Ihr acht entzückenden Göttermädchen,
euer weißer Reis hatte den Vorzug, meine Konzentration zu nähren.
So wurden mein Körper gestärkt und meine Praxis vertieft.
Das will ich vergelten und gebe euch das Dharma;
hört genau hin, und behaltet es im Gedächtnis!

Das tugendhafte Götterreich ist gehaltlos,
wie sehr ihr auch daran haftet.

Auch wenn die kleinen, lieblichen Götterkinder glücklich
erscheinen,
wird ihr Glück schnell vergehen.

Auch wenn die Trugbilder
der phantomgleichen Verwandlungen sehr amüsant sind,
müsst ihr wieder aus dem Götterreich abstürzen.

Wenn man das Leid in den sechs samsarischen
Daseinsbereichen bedenkt,
wird man furchtbar traurig.

Wenn ihr deshalb die Lehre Buddhas praktizieren möchtet,
dann betet zu den Drei Juwelen als Zuflucht;
meditiert, dass alle Lebewesen der sechs Daseinsbereiche eure
Eltern waren;
bringt dem ehrwürdigen Lama Gaben dar;
seid freigebig zu den Armen;
widmet die guten Handlungen dem Wohle der sechs Arten von
Lebewesen;
meditiert immerfort über die Ungewissheit der Todesstunde;
übt die tiefgründige Mantra-Rezitation,
indem ihr euren Körper als Yidam-Gottheit visualisiert;
meditiert über die Offenheit des selbstgewahren
Urbewusstseins,
und lasst den eigenen Geist stets als Zeuge zugegen sein.«

So sang er.

Die Göttermädchen erwiderten: »Solange wir unbewussten Lebewesen nicht frei von dualistischer Wahrnehmung sind, sind wir auch nicht frei von negativen Gefühlen. Bitte, lehre uns eine Methode, mit der wir unsere Achtsamkeit schulen und dem entgegenwirken können.« Darauf antwortete der Djetsün mit diesem Lied:

»Ich verbeuge mich zu Füßen des gütigen Marpa,
gewähre deinen Segen, damit sich die Gegenmittel
günstig auf den Geist auswirken!

Wenn ihr ehrfurchtsvollen Göttermädchen
fortwährend praktizieren wollt,
dann meditiert innerlich über geistige Ruhe.
Hilfreich dabei ist das Unterlassen jeglicher Aktivität.
Äußerlich wendet entschlossen Gegenmittel an;
dabei ist es hilfreich, mit Körper und Rede behutsam zu sein.
Wollt ihr stets Achtsamkeit bewahren,
ist es sehr hilfreich, nur wenigen Beschäftigungen nachzugehen.

Peinigen schlechte Umstände den Geist,
seid wachsam, damit kein Zorn aufsteigt.
Wenn ihr Dinge seht, die euch gefallen,
seid wachsam, damit keine Gier aufkommt.

Verletzen euch die Waffen negativer Worte,
seid wachsam, damit eure Ohren euch nicht täuschen.
Wenn ihr mit Freunden zusammenlebt,
seid wachsam, damit keine Eifersucht entsteht.
Und wenn man euch verehrt,
seid achtsam, damit ihr nicht stolz werdet.

Zu allen Zeiten:
bezähmt die bösen Dämonen im eigenen Geist.
Meditiert bei allen vier Beschäftigungen,
dass alles, was erscheint,
offen-leer und illusionsgleich ist.

Auch wenn euch hundert ehrenwerte Gelehrte berieten,
käme nicht mehr dabei heraus als das.
Freut euch darüber, und setzt es in die Praxis um!«

So sang er. Die Göttinnen waren glücklich und zufrieden, verwandelten sich wieder in Tauben und flogen zu ihrem Götterreich davon. Der Djetsün aß den Reis, und seine Meditation vertiefte sich dadurch noch weiter. Später brach er zur Vajra-Festung des Grauen Felsens auf.

Das war die Geschichte von den Göttermädchen in Taubengestalt, die Milarepa Gaben darbrachten.

Die vorausgegangenen Geschichten handelten vor allem von Geistern, die Milarepa herausforderten und dann von ihm an einen Eid gebunden wurden.

Milarepas große Herzensschüler

Die Vajra-Festung des Grauen Felsens

NAMO GURU. Der ehrenwerte Meister Milarepa lebte in der Sattelhöhle auf der Vajra-Festung des Grauen Felsens und vertiefte dort seine Praxis.

Da suchte ihn ein tantrischer Yogi aus Kuthang auf, der tiefes Vertrauen zum Djetsün gefasst hatte, und fragte: »Verehrter Lama, ich habe versucht zu meditieren, aber ich habe noch nicht richtig verstanden, worauf es in der Praxis ankommt. Daher habe ich weder Fortschritte gemacht noch gute Eigenschaften entwickelt. Würdest du mir bitte einige Unterweisungen geben?«

Milarepa erwiderte: »Du musst folgende Kernpunkte verstehen«, und er sang dieses Lied über die Dinge, auf die es ankommt:

»Die Wahrnehmungen des Geistes sind noch zahlreicher
als Staubkörner in einem Sonnenstrahl –
ein meisterlicher Yogi versteht, dass es darauf ankommt,
die Erscheinungen so zu lassen, wie sie sind.

Die wahre Natur der Dinge ist nicht
aus Ursachen und Bedingungen entstanden –
ein meisterlicher Yogi versteht, dass es darauf ankommt,
dieser einen Wirklichkeit auf den Grund zu gehen.

Plötzlich auftauchende Gedanken können
selbst von hundert Speerwerfern nicht abgewehrt werden –
ein meisterlicher Yogi versteht, dass es darauf ankommt,
nicht an ihnen zu haften.

Geistige Aktivität kann man nicht
in einer Eisenbüchse einschließen –
ein meisterlicher Yogi versteht, dass es darauf ankommt zu
erkennen,

dass die Erscheinungen nicht wirklich existieren.«

»Entwickelt sich diese Art von Praxis schrittweise, oder kommt sie plötzlich, mit einem Mal?« fragte der Mann.

»Bei Menschen mit höchsten Fähigkeiten kommt sie schlagartig, auf einmal; durchschnittlich und wenig befähigte Menschen erfahren der Reihe nach die vier Yoga-Stufen von Mahamudra. An folgenden Zeichen ist erkennbar, ob die Erfahrung dieser Yoga-Stufen echt oder nur eingebildet ist«, erwiderte der Djetsün und sang ein Lied darüber, wie man echte von unechten Erfahrungen unterscheiden kann:

»Ich verbeuge mich zu dem verehrten Lama.
Wahrnehmungen für wirklich zu halten
ist die Ursache des Daseinskreislaufs.
Selbstgewahrsein, strahlend klar und frei von Haften,
existiert, ohne dass es von jemandem geschaffen wurde.
Wenn man dies erkannt hat,
hat man die Stufe der Einsgerichtetheit[30] vollendet.

Von Einheit reden und über bestimmte Merkmale meditieren;
von Ursache und Wirkung reden,
aber seinen Lebensunterhalt auf unredliche Weise beschaffen;
und eine Meditation, bei der man in Dumpfheit verweilt –
auf der Stufe der Einsgerichtetheit gibt es das nicht.

Der Geist, strahlend klar und frei von Haften,
ist von Natur aus nichtbegriffliche Glückseligkeit.
Wenn seine himmelsgleiche Natur offenbar geworden ist,
hat man die Stufe der Einfachheit[31] vollendet.

›Frei von Begriffen‹ sagen,
aber ständig in Begriffen leben;

30 Die erste Stufe von Mahamudra. Die vier Stufen von Mahamudra werden ausführlich in »Mahamudra – Ozean des wahren Sinnes« erklärt.
31 Die zweite Stufe von Mahamudra.

sagen, es sei unaussprechlich,
aber ständig darüber schwatzen;
und eine Meditation, die nichts als törichtes Ich-Haften ist –
auf der Stufe der Einfachheit gibt es das nicht.

Im Dharmakaya, wo Erscheinungen und Offenheit
untrennbar sind,
werden Samsara und Nirvana als eins erfahren.
Wenn man weder Buddhaschaft erhofft, noch fürchtet,
ein gewöhnliches Lebewesen zu sein,
hat man die Stufe des Ein-Geschmacks[32] vollendet.

Ein-Geschmack sagen,
aber viele Unterscheidungen machen;
sagen, alles sei eins,
aber seinen Tag in formelle Meditationssitzungen unterteilen;
das ist noch törichter als töricht –
auf der Stufe des Ein-Geschmacks gibt es das nicht.

Gedanken haben die Natur des ursprünglichen Gewahrseins.
Die absolute, ungeschaffene Wirklichkeit und die relative
von Ursache und Wirkung sind untrennbar.
Wenn man verstanden hat,
dass die drei Buddha-Körper vollständig in uns
vorhanden sind,
hat man die Stufe der Nicht-Meditation[33] vollendet.

Von Nicht-Meditation reden,
aber Gedanken nachgehen;
von strahlender Klarheit reden,
aber stumpfsinnig praktizieren;
und das törichte Geschwätz über eine nur im Munde
geführte Sicht –

32 Diese Zeile fehlt im tibetischen Original. Ein-Geschmack ist die dritte Stufe von Mahamudra.

33 Die vierte Stufe von Mahamudra.

auf der Stufe der Nicht-Meditation gibt es das nicht.«

»Diese Praxis ist wirklich wundervoll, doch wie sollen weltliche Menschen wie ich die sechs Paramitas praktizieren?« fragte der Besucher. Als Antwort sang Milarepa dieses Lied:

»Ich verbeuge mich zu meinem Lama, der voller guter Eigenschaften ist.
Besitz ist wie Tau auf Grasspitzen,
hänge nicht daran, sondern verschenke ihn freigebig!

Wenn du einen mit den Freiheiten und Reichtümern ausgestatteten
Menschenkörper erlangt hast,
solltest du Selbstdisziplin wie deine Augäpfel hüten!

Hass ist die Ursache der schlechten Daseinsbereiche;
übe Geduld, selbst wenn dein Leben auf dem Spiel steht!

Mit Faulheit nützt du weder dir selbst noch anderen;
bemühe dich stets, positiv zu handeln.

Wenn du zerstreut bist,
kannst du die Bedeutung des Mahayana nicht verstehen;
du brauchst Konzentration, um seinen Sinn zu begreifen.

Durch Suchen wirst du Buddhaschaft nicht finden;
du musst das Wesen deines Geistes betrachten!

Vertrauen ist so flüchtig wie Herbstnebel;
wenn es verfliegt, musst du standfest sein.«

Von Vertrauen und Bewunderung erfüllt, ging der Mann nach Hause. Einige Tage später kehrte er mit einer Gruppe von Dharma-Praktizierenden zurück, die dem Djetsün voller Verehrung Geschenke darbrachten.

Der Mann sagte: »Diese Leute hier haben Vertrauen in die Lebensgeschichte des Meisters und wollen dich persönlich treffen. Bitte erzähle uns, wie du durch deine strenge Askese Gewissheit in der Praxis erlangt hast.« Als Antwort sang der Meister das Lied der sechs Gewissheiten:

»Erst wenn man der samsarischen Dinge müde geworden ist,
erwacht ein starker Glaube an das Dharma.

Seine Bindung an die Heimat aufgeben ist schwierig;
aber nur indem man sein Vaterland verläßt,
hört die Feindseligkeit auf.

Die Sehnsucht nach Familie überwinden ist schwierig;
aber nur indem man engen Beziehungen entsagt,
wird man frei von schmerzlicher Sehnsucht.

Besitz kann man nie genug haben;
indem man sich nur auf eine Baumwollrobe beschränkt,
wird das Verlangen nach Besitz überwunden.

Weltliche Zerstreuungen aufgeben ist schwierig;
nur durch Bescheidenheit wird Stolz gebrochen.

Egoismus und Überheblichkeit überwinden ist schwierig;
deswegen ist es besser, in der Einsamkeit der Berge zu leben
wie die wilden Tiere.

Meine Standhaftigkeit entspringt dieser Gewissheit.
Für euch, die ihr Vertrauen habt, ist es förderlich,
Verdienst anzusammeln.

Der Dharmakaya ist wie der Himmelsraum,
alle Lebewesen sind davon durchdrungen.
Doch da sie das nicht erkennen, irren sie im Daseinskreislauf
umher.

Selbst wenn sie einen kurzen Einblick erhaschen,
ist es schwierig, Stabilität darin zu erlangen.

Solange diese Erkenntnis nicht stabil ist,
wird der Geist immer wieder von den fünf Geistesgiften
überwältigt,
und man benimmt sich wie ein unvernünftiges Kind.

Wenn die Erkenntnis stabil geworden ist,
ist das Haften
an den unablässig erscheinenden sechs
Wahrnehmungen vorbei,
und man lebt ständig in der Erfahrung der drei Buddha-Körper.
Das ist die Gewissheit meiner Erkenntnis.

Meditation und Nach-Meditation
sind nur für Anfänger verschieden.
Ist die Erkenntnis unumstößlich geworden,
gibt es keine dualistische Wahrnehmung.
Ein Yogi, der ohne Ablenkung praktiziert,
haftet nicht an den unaufhörlich erscheinenden sechs
Wahrnehmungen;
er lebt ständig in der Erfahrung der drei Buddha-Körper.
Da er nicht an seinem Gedankenfluss haftet,
wird er zum Inbegriff anmutiger Qualitäten.
Er ist bewandert in der Meditation über die himmelsgleiche
Natur der Dinge.
Das ist die Gewissheit der Meditation.[34]

Während der vier Beschäftigungen hafte ich nicht
an anziehenden Formen und begehrenswertem Besitz.
Alle Erscheinungen sind für mich wie Dunst.
Selbst bei dem Vorsatz, die Lebewesen zu leiten,
deren gewöhnliche Körper so ungreifbar wie Trugbilder

34 Diese Zeile findet sich nicht im tibetischen Original.

und wie der Mond im Wasser sind,
beschmutze ich mich nicht, indem ich sie vergegenständliche.
Ich bin wie eine Lotusblüte, die aus dem Sumpf emporwächst.
Dies ist die Gewissheit meiner Handlungsweise.

Der Geist ist allumfassend wie der Himmel;
bedingte Erscheinungen
sind der Klarheitsaspekt des Dharmakaya –
er gleicht einem Kristall in der Handfläche
des allwissenden Meisters.[35]

Der Geist kommt zu Beginn nirgendwoher,
gegenwärtig verweilt er nirgendwo,
und am Ende geht er nirgendwohin.
Die drei Zeiten sind gleich in ihm,
deshalb unterliegt er weder Geburt noch Tod.
Von Anbeginn rein wie der Himmel,
in dem sich weiße und rote Wolken von selbst aufgelöst haben,
ist keine Spur der vier Elemente in ihm zu finden.

Weil ich nie getrennt bin von der ungeborenen Natur des Geistes,
der so allumfassend wie der Himmelsraum ist,
habe ich den Kreislauf der drei samsarischen Daseinsbereiche beendigt.
Das ist die Gewissheit der Frucht.

Wenn ein Yogi, der dies verstanden hat,
seinen illusorischen Körper ablegt,
erkennt er im Bardo den Dharmakaya,
in dem alle guten Eigenschaften vollständig vorhanden sind,
aufgrund der tiefgründigen Unterweisungen,
die er zu Lebzeiten praktiziert hat.

35 Ein Kristall wird manchmal bei der vierten Ermächtigung benutzt, um die Natur des Geistes zu illustrieren.

Durch dieses Wiedererkennen treffen Mutter- und
Kind-Geist[36] zusammen.

Wenn sie nicht zusammentreffen,
er aber die Unterweisungen über die gleichzeitige Reinheit[37]
praktiziert hat,
erfährt er den unreinen, illusorischen Körper
als reinen, illusorischen Körper, als Sambhogakaya.

Versteht man, dass Sambhogakaya-Formen Spiegelbildern
gleichen,
dann besteht keine Gefahr, sich auf dem Weg zu irren.
Das ist meine Gewissheit, im Bardo keiner Täuschung zu
erliegen.«

Die Dharma-Praktizierenden aus Kuthang verehrten ihn so sehr, dass sie auch in späteren Zeiten immer wiederkamen und ihn stets mit vorzüglichen Nahrungsmitteln versorgten.

Eines Morgens, als er in der Erfahrung strahlender Klarheit verweilte, erhielt der Meister eine Prophezeiung von Vajrayogini:[38] »Milarepa, du wirst unter den Menschen folgende Schüler haben: fünfundzwanzig wirkliche Siddhas[39], von denen einer der Sonne gleicht, einer dem Mond und dreiundzwanzig den Sternen; einhundert Praktizierende mit Erkenntnis[40], die nicht mehr verlorengehen kann, hundertacht Mahayana-Praktizierende[41] mit den Wärmezeichen des

36 Tib. *sems ma dang bu:* Mutter-Geist bezieht sich auf den selbstexistierenden Dharmakaya, und Kind-Geist bezieht sich auf die eigene Mahamudra-Praxis zu Lebzeiten. Aufgrund dieser Praxis erkennt man im Bardo den Dharmakaya, so wie ein Kind seine Mutter erkennt.

37 Tib. *lhan cig byang pa'i gdams ngag:* Bezieht sich auf die Praxis der Visualisierung in der Entwicklungsstufe.

38 Vajrayogini ist eine weibliche tantrische Meditationsgottheit.

39 Tib. *grub thob:* »Ein Mensch, der das höchste und die gewöhnlichen Siddhis verwirklicht hat durch die speziellen Erkenntnisse des spirituellen Weges.«(Bö)

40 Tib. *rtogs ldan:* Praktizierender mit Erkenntnis.

41 Tib. *skyes chen:* »Ein Anhänger des Mahayana, unermüdlich und von überragender innerer Stärke in seinem Wunsch, für andere zu arbeiten.« (Bö)

Weges[42]; eintausendundein Yogis und Yoginis, die den spirituellen Weg begonnen haben[43], und unzählige andere, die eine dharmische Verbindung mit dir eingegangen sind und deshalb den Weg in die schlechten Daseinsbereiche abgeschnitten haben. Am oberen Ende von Gungthang liegt Rala, dort lebt dein dir karmisch verbundener mondgleicher Schüler. Gehe um seinetwillen dorthin.« So machte sich der Meister auf den Weg nach Ober-Gungthang.

Dies war die erste Geschichte über die Vajra-Festung des Grauen Felsens.

42 Tib. *lam drod thob pa:* Praktizierende, die den »Weg der Verbindung« *(sbyor lam)* vollendet haben.
43 Tib. *lam sna zin pa:* Praktizierende auf dem »Weg der Ansammlung« *(tshogs lam)*, die dem »Weg der Verbindung« *(sbyor lam)* nahe sind.

Die Begegnung mit dem Herzensschüler Retschungpa in der Seidenhöhle

NAMO GURU. Meister Milarepa folgte der Prophezeiung und ging nach Ober-Gungthang. In der Residenzstadt von Gungthang angekommen, traf er eine Gruppe von Arbeitern, die gerade ein Haus errichteten, und bat sie um Essen. Sie erwiderten: »Wir haben keine Zeit, wir sind mit dem Hausbau beschäftigt. Du dagegen scheinst nichts zu tun zu haben; wenn du unsere Arbeit übernimmst, bringen wir dir Essen.« Der Meister erklärte: »Meine Art von Haus ist fertig, jetzt habe ich Muße. Es macht nichts, wenn ihr mir nichts zu essen gebt; eure weltliche Bauarbeit jedenfalls kommt für mich nicht in Frage.« »Was für eine Art von Haus hast du denn gebaut, und warum willst du unsere Arbeit nicht tun?« wollten sie wissen. Milarepa antwortete mit diesem Lied:

»Mein Haus steht erstens auf dem festen Fundament des Vertrauens,
zweitens, seine hohen Mauern sind Ausdauer,
drittens, seine dicken Wände sind Konzentration,
viertens, seine vortreffliche Zinne ist Weisheit.
Ein Haus, das aus diesen vieren errichtet ist,
ist ein Haus für die Ewigkeit.
Eure weltlichen Häuser sind trügerische Illusionen;
solche Dämonenkerker habe ich aufgegeben.«

»Das ist sehr lehrreich«, sagten sie, »was entspricht denn bei dir unseren Feldern da draußen, unserem häuslichen Besitz, unserer Verwandtschaft, unserer Lebensgefährtin und den Kindern, die sie zur Welt bringt? Unsere gewohnten Vorstellungen aufzugeben fällt uns schwer. Bitte erkläre uns, was du statt dessen besitzt und weshalb du unsere Lebensweise verschmähst.« Als Antwort sang er dieses Lied:

»Erstens, als vortrefflichen Ackerboden habe ich den Allgrund;
zweitens, darauf habe ich das Saatgut der Unterweisungen
gesät;
drittens, daraus sind die Keime der Praxis aufgegangen;
viertens, als Ernte sind die drei Buddha-Körper herangereift.
Ackerbau, der mit diesen vieren betrieben wird,
ist Ackerbau für die Ewigkeit.
Eure weltliche Feldarbeit ist trügerisch,
ich habe die Knechtschaft für Essen und Kleidung aufgegeben.

Erstens habe ich die vortreffliche Schatzkammer der Offenheit,
zweitens den Reichtum der sieben spirituellen Schätze,
drittens das Glück, das dem Ausüben
der zehn tugendhaften Handlungen entspringt,
und viertens die reine, große Glückseligkeit.
Nahrung und Reichtum, die aus diesen vieren bestehen,
sind Nahrung und Reichtum für die Ewigkeit.
Euer weltlicher Besitz ist trügerisch;
diese illusorische Vorspiegelung habe ich überwunden.

Erstens habe ich die Buddhas als erlesene Vorfahren;
zweitens die erhabene Dharma-Lehre, die sich gegenwärtig
ausbreitet,
drittens die gesamte Sangha als Onkel und Neffen,
und viertens die Dharma-Schützer als heroische Waffe.
Ausgestattet mit diesen vieren,
habe ich Freunde für die Ewigkeit.
Eure weltliche Verwandtschaft ist trügerisch;
diese vergänglichen Freunde habe ich verlassen.

Erstens habe ich den Tathagata als vortrefflichen
Schwiegervater;
zweitens die Erfahrung klaren Glücks als Vereinigung,
drittens die Erfahrung der Einheit als schönen Anblick
und viertens meditative Erfahrungen und Erkenntnisse
als prächtigen Schmuck und schöne Gewänder.

Eine Frau, die diese vier in sich vereint,
ist eine Frau für die Ewigkeit.
Eure weltlichen Freundinnen sind trügerisch;
solche vergänglichen Zankäpfel habe ich hinter mir gelassen.

Bewusstheit ist der Knabe, den ich zur Welt gebracht habe;
sein Heranwachsen besteht in den Wärmezeichen des Weges,
seine Zungenfertigkeit besteht
in meditativen Erfahrungen und Erkenntnissen,
und er wird ein Stammhalter der Buddhas sein.
Ein Kind, das diese vier in sich vereint,
ist ein Kind für die Ewigkeit.
Eure weltlichen Kinder sind trügerisch;
ich habe diese Zugstricke des Daseinskreislaufs aufgegeben.

Ihr Männer und Frauen von Gungthang, die ihr hier arbeitet,
und ich, der Yogi Milarepa,
mögen wir uns durch die karmische Kraft dieses Wortwechsels
im glorreichen Urgyen wiedertreffen.«

Die Bauarbeiter fassten tiefes Vertrauen zu Milarepa, verbeugten sich und bewirteten ihn. Auch später achteten sie ihn sehr.

Danach weilte der ehrwürdige Meister in der Seidenhöhle am oberen Ende von Rala. In Rala lebte ein sehr intelligenter Knabe, dessen Vater früh gestorben war und der nun von seiner Mutter und seinem Onkel aufgezogen wurde. Der Jüngling konnte von klein auf gut lesen; daher rezitierte er des öfteren die heiligen Schriften für die Nachbarn, die ihn reichlich dafür entlohnten.

Als er eines Tages auf einem Esel zum Kühehüten an das obere Ende seines Tales ritt, kam er an der Höhle vorbei, in der der Meister praktizierte. Er hörte den Meister singen, und seine Wahrnehmung war verwandelt. Er sprang vom Maulesel, überließ das Vieh sich selbst und näherte sich dem Meister. Als er sein Antlitz erblickte, erfuhr er spontan einen unsagbar tiefen Zustand geistiger

Versenkung und blieb einen Augenblick lang regungslos stehen – er war der Herzensschüler Retschung Dordje Dragpa.

Seine karmische Verbindung war erwacht, und er hatte von da an unerschütterliches Vertrauen zum Meister. Er gab ihm alle Geschenke, die er für das Rezitieren der heiligen Schriften erhielt, und blieb bei ihm, um Dharma-Belehrungen zu erhalten.

Unterdessen forschten Mutter und Onkel nach ihm und fanden heraus, dass er beim Djetsün lebte. Als sie keinerlei Geschenke mehr erhielten, fragten sie sich, ob die Wohltäter ihm keine gegeben hatten.

Daher erkundigten sie sich bei allen, für die er die Schriften gelesen hatte: »Habt ihr unseren Sohn mit Nahrungsmitteln entlohnt?« und hörten überall die gleiche Antwort: »Ja, das haben wir.« Da begriffen sie, dass er alles dem Meister schenkte. Mit allen Mitteln versuchten Mutter und Onkel, ihn davon abzubringen – doch vergebens. Deshalb wurden sie wütend und feindselig.

Der Knabe meditierte unterdessen über die Unterweisungen und brachte gute Erfahrungen und Erkenntnisse hervor.

Durch die Tummo-Wärme kam er nur noch mit Baumwollroben aus und erhielt den Namen Retschungpa, Kleiner Repa.

Zu diesem Zeitpunkt riefen Mutter und Onkel immer wieder nach ihm und wollten, dass er ein neues Feld umpflügte. Da er mit dieser Arbeit die örtliche Erdgottheit erzürnte, wurde er von einer Krankheit befallen und zog sich mit der Hoffnung auf Besserung wieder zum Meditieren zurück.

Eines Tages kamen fünf indische Yogis vorbei und bettelten um Essen. Er gab ihnen geröstetes Getreide, das Mutter und Onkel ihm als Verpflegung geschickt hatten.

Während sie aßen, sagten sie »Tsitsidzala, tsitsidzala«, und ihm wurde klar, dass er an Lepra erkrankt war.

Ob sie ein Heilmittel dafür wüssten, erkundigte er sich. Ihr Anführer erwiderte: »Du tust mir wirklich leid, ich werde dich zu meinem Lehrer Walachandra mitnehmen«, und er versprach: »Ich werde meine Reise in Tibet aufschieben und dich nach Indien begleiten.«

Retschungpa bat seinen Meister um Erlaubnis, nach Indien reisen zu dürfen. Der Meister willigte ein und sang ihm dieses Lied als Segnung für die Reise:

»Ich bete zu meinem geliebten Meister,
segne meinen Sohn Retschungpa!

Mein Sohn, richte in diesem Leben dein Augenmerk
auf das Dharma!
Bete zu Lama, Yidam und den Drei Juwelen
ganz aufrichtig, nicht nur mit dem Munde,
während du in Indien auf Reisen bist.

Als asketische Nahrung nimm tiefe Meditation zu dir.
Kleide dich in Baumwolle, ein günstiges Omen für die
Tummo-Praxis.
Reite auf dem illusorischen Pferd der Einheit von Geist und
Energiefluss,
während du in Indien auf Reisen bist.

Reinige, was den unbefleckten Geist verdeckt.
Blicke mit unentwegter Achtsamkeit
in den Silberspiegel deiner Vajra-Gelübde,
damit du nichts bereuen musst,
während du in Indien auf Reisen bist.

Die Diebe der Begierde werden dir nachstellen.
Sei wachsam, so dass du nicht den acht weltlichen Interessen
verfällst.
Verbirg deine guten Eigenschaften,
indem du frei von Vorstellungen verweilst,
und behalte eine positive Gesinnung auf deiner Reise.

Ich bete für dein langes Leben, mein Sohn,
mögest du frei von Krankheit sein.«

Der Djetsün blieb in der Meditationshöhle zurück. Retschungpa versiegelte sie von außen mit Lehm und folgte den Yogis nach Indien.

Dort traf er ihren Lehrer Walachandra, der ihm sämtliche Unterweisungen über »Vajrapani, den Zornvollen mit Garudaschwingen« gewährte. Durch diese Praxis wurde seine Krankheit vollständig geheilt.

Als er nach Tibet zurückkam, erkundigte er sich in Kyidrong nach seinem Lama. »Früher haben wir von einem Yogi namens Milarepa gehört, aber in letzter Zeit gab es keine Nachrichten mehr von ihm.« »Ob mein Lama etwa gestorben ist?« fragte er sich, während er sich in gedrückter Stimmung der Seidenhöhle näherte. Als er sah, dass die von ihm errichtete Lehmwand nie eingerissen worden war, dachte er: »Er ist bestimmt da drinnen gestorben.«

Er brach die Lehmwand auf und ging ins Innere der Meditationshöhle: Da saß der Meister – aufrecht in Meditation. Fassungslos vor Freude erkundigte sich Retschungpa nach seinem Befinden, worauf der Djetsün mit diesem Lied antwortete:

»Ich verbeuge mich zu Füßen des gütigen Marpa!
Es geht mir gut,
denn ich habe die Verbindung zu Verwandten abgebrochen,
die Sehnsucht nach dem Vaterland überwunden
und bleibe vom Gerede in den Ortschaften verschont.

Es geht mir gut,
weil ich den Klöstern keine Geschenke wegnehme,
keinen Haushalt besitze,
keine Bedürfnisse habe
und reich an spirituellen Schätzen bin.

Mir geht es gut,
denn ich muss nicht leiden,
um meinen Lebensunterhalt zu bestreiten,
fürchte nicht, etwas zu verlieren,
und habe keine Angst, dass mir Dinge ausgehen.

Es geht mir gut,
da ich keine Zweifel über die Natur des Geistes habe,
Wohltätern nicht schmeicheln brauche,
da ich des Alleinseins nicht müde bin,
mich nicht scheinheilig verhalte
und alle meine Handlungen im Einklang mit dem
Dharma sind.

Es geht mir gut,
weil ich mich nicht aus Wanderlust heraus erschöpfe,
keine Angst davor habe, umgebracht zu werden,
und nicht fürchte, beraubt zu werden.

Es geht mir gut,
weil die Umstände günstig für tugendhafte Praxis sind,
weil ich alles negative Handeln aufgegeben habe
und mich um verdienstvolles Handeln bemühe.

Es geht mir gut,
weil ich frei von Böswilligkeit bin
und Stolz und Eifersucht überwunden habe,
weil ich die acht weltlichen Interessen als Fehler sehe
und sie mir gleichgültig sind.
Weil ich den Geist mit dem Geist betrachte
und deshalb frei bin von Hoffnung und Furcht.

Es geht mir gut
in der Sphäre der strahlenden Klarheit, frei von Anhaften,
in der Dimension des Urbewusstseins, jenseits von Begriffen,
in der unmittelbaren Erfahrung der Wirklichkeit.

Es geht mir gut,
weil ich die sechs Wahrnehmungen belasse, wie sie sind,
weil die fünf Arten von Sinnesbewusstsein klar sind
und weil ich dem Kommen und Gehen der Gedanken nicht
nachhänge.

Ich kenne viele Arten des Wohlbefindens;
dies ist mein Lied vom Yogi-Glück,
ein anderes Glück wünsche ich mir nicht.

Es geht mir gut, wenn ich sterbe,
denn ich habe keine Verfehlungen begangen.
Es geht mir gut, wenn ich lebe,
dann mehrt sich die tugendhafte Praxis.

Wohltäter versorgen mich mit Nahrung und Kleidung.
Dies ist der Segen des Lamas und der Drei Juwelen
für das Wohlergehen der Yogis.
Und dir, Retschungpa, wie geht es dir, hast du dein Ziel
erreicht?«

Retschungpa antwortete: »Auch mir geht es gut; ich habe mein Ziel erreicht. Bitte gewähre mir noch weitere Anleitungen und Unterweisungen.« Der Djetsün gab Retschungpa erneut Unterweisungen und ließ ihn in der Seidenhöhle praktizieren. Dadurch vervollkommnete dieser seine Erfahrungen und Erkenntnisse.

Dies war die Geschichte von der Begegnung mit dem Herzensschüler Retschungpa in der Seidenhöhle.

Das Treffen mit Tsapu Repa in der Höhle des Strahlenden Lichts

NAMO GURU. Der Meister Milarepa ging von der Seidenhöhle aus zur Höhle des Strahlenden Lichts in Rönpu.

Während er sich dort aufhielt, besuchten ihn einige Jugendliche aus seiner Heimat Tsapu und erzählten ihm: »Erst hast du deine Feinde vernichtet, jetzt dagegen praktizierst du dieses außergewöhnliche Dharma, das ist großartig! Wenn wir bei dir sind, denken wir, wir sollten ebenfalls das Dharma praktizieren, aber wenn wir wieder zu Hause sind, erscheinen uns die weltlichen Dinge wichtiger. Was ist da zu tun?«

Der Meister antwortete: »Erst wenn man die Gewissheit hat, dass man von den Leiden des Daseinskreislaufs wie Geburt, Alter, Krankheit und Tod befreit ist, ist man glücklich bei allem, was man tut. Solange dies nicht der Fall ist, müssen wir in zukünftigen Leben noch anhaltender und unerträglicher leiden als in diesem Leben. Deshalb ist es so wichtig, dass wir für später vorsorgen«, und er sang dieses Lied:

»Wir weltlichen Kreaturen werden mitgerissen
im Strom von Geburt, Alter, Krankheit und Tod;
im nächsten Leben wird der Strom noch reißender sein
als in diesem –
habt ihr ein Boot dafür bereit?

Der Terror der Maras, Dämonen und des Todesherrn
wird später noch schrecklicher sein als jetzt –
habt ihr einen Begleitschutz bereit?

Eure Verstricktheit in Anziehung, Abneigung und Blindheit
wird in späteren Leben noch stärker sein als jetzt –
habt ihr ein Gegenmittel dafür bereit?

Der Weg im Riesenreich der drei samsarischen Daseinsformen
wird im nächsten Leben noch länger sein als in diesem –
habt ihr genügend Vorräte dafür zurückgelegt?
Wenn nicht, dann praktiziert lieber die wahre Lehre Buddhas.«

Darauf erwiderten sie: »Diese Belehrung ist sehr hilfreich. Wir möchten gerne beim Lama das Dharma praktizieren, aber wir wollen uns nicht sinnlos quälen. Deshalb bitten wir den Lama, uns Schülern und Wohltätern eine Ausbildung im Dharma zu geben und einige unserer Opfergaben für später auf die Seite zu legen. Wir haben auch deine Belehrung eben nicht so richtig verstanden, bitte, erkläre uns noch einmal die Bedeutung deiner Worte.« Milarepa antwortete mit diesem Lied:

»Verläßt man sich auf einen erfahrenen Lama,
hat man einen Geleitschutz vom Samsara ins Nirvana.
Indem man nicht spart, sondern großzügig ist,
legt man Proviant für den Weg zurück.
Durch meditative Erfahrungen,
die wie Mondlicht in der Dunkelheit sind,
schafft man sich sein Geleit.
Gebt ihr angesammelten Besitz für Dharma-Zwecke weg,
bereitet ihr euch ein Boot.

Durch eine Sichtweise, die nicht in Einseitigkeit verfällt,
bleibt man unzerstreut in der Meditation.

Ist das Handeln im Einklang mit dem Dharma,
hält man seinen Vajra-Eid und erfreut den Lama,
und als Frucht ist man beim Sterben ohne Reue.

Verwandte, Wohltäter und Schüler,
nach diesen dreien habe ich Yogi wenig Bedürfnis.
Für euch weltliche Menschen jedoch sind sie unentbehrlich.

Ehrerbietung, Höflichkeit und Heuchelei,

nach diesen dreien habe ich Yogi wenig Bedürfnis.
Für Vertreter der acht weltlichen Interessen
sind sie jedoch unentbehrlich.

Besitz, Güter und Geschäftigkeit,
nach diesen dreien habe ich Yogi wenig Bedürfnis.
Wer berühmt werden will, findet sie jedoch unentbehrlich.

Waschen, Reinlichkeit und Ideen,
nach diesen dreien habe ich Yogi wenig Bedürfnis.
Die braucht man, wenn man jung ist.

Dies sind zwölf Bedürfnislosigkeiten,
die nicht jedermanns Sache sind.
Merkt euch diese Worte des Repa-Yogis gut!

Wollt ihr glücklich sein, praktiziert das wahre Dharma!
Seid ihr der Zerstreuungen müde, lebt in Abgeschiedenheit.
Seid ihr standfest genug, lebt alleine.
Wollt ihr erleuchtet werden, übt euch ausdauernd in der Meditation.
So werdet ihr sicher die vier Mara-Feinde besiegen.«

So sang er. Einer der Jugendlichen hatte Vertrauen ins Dharma, war fleißig, intelligent und mitfühlend.

Er ersuchte den Meister eindringlich: »Verehrter Lama, wir hängen so an den Bedürfnissen dieses Lebens und treffen keinerlei Vorsorge für Dinge, die wir im nächsten Leben benötigen. Ich möchte dem Lama dienen, damit ich meine Verstrickung in die Angelegenheiten dieses Lebens überwinden und für das nächste vorsorgen kann.«

Der Meister entgegnete: »Auch wenn jemand einen mit Freiheiten und Reichtümern ausgestatteten kostbaren Menschenkörper erlangt hat, ist es selten genug, dass er das Dharma praktizieren möchte. Und selbst wenn Leute das Dharma praktizieren möchten, ist es schwierig, wirklich günstige Bedingungen, wie einen Lama und all die anderen notwendigen Dinge, zu finden. Wenn ihr sie jetzt habt, solltet ihr die Lehre Buddhas praktizieren«, und er sang dieses Lied:

»Ein Menschendasein, frei von den acht ungünstigen Umständen
und ausgestattet mit den Freiheiten und Reichtümern, ist schwer zu finden.
Es ist schwierig, sich von dem Wunsch nach Glück
im gegenwärtigen Leben zu lösen
und die Freiheiten und Reichtümer sinnvoll zu nutzen.
Es ist schwierig, die Nachteile einer samsarischen Existenz einzusehen
und Nirvana zu erlangen.

Selbst wenn Leute das Dharma praktizieren möchten,
ist es schwierig, alle günstigen Bedingungen zu finden.
Schwierig zu finden
sind Lamas, die Mitgefühl besitzen
und die Schriften, Logik und Kernbelehrungen beherrschen.
Schwierig zu finden
sind Schüler, die unerschütterliches Vertrauen besitzen
und fähig sind, zu praktizieren.
Schwierig zu finden
sind Einsiedeleien, die allen Anforderungen entsprechen
und wo man frei von Angst und Gefahren leben kann.
Schwierig zu finden
sind gleichgesinnte Freunde mit übereinstimmender
Sicht- und Handlungsweise und philosophischer Meinung.
Schwierig zu finden
ist ein belastbarer Körper,
frei von Krankheiten und Schmerzen.
Selbst wenn es gelingt, dies alles zusammenzubringen,
ist es schwierig, mit einsgerichteter Konzentration zu praktizieren.

diese neun Dinge sind schwer zu finden,
dennoch sind sie unerlässlich.«

Der Jugendliche fasste unwillkürlich Vertrauen zum Meister und folgte ihm von nun an. Der Meister nahm ihn als Schüler an und gab ihm Ermächtigungen und Unterweisungen. Dadurch erlangte er spirituelle Reife und Befreiung. Er wurde einer der engsten Schüler des Meisters, genannt Tsapu Repa.

Dies war die Geschichte von der Begegnung mit Tsapu Repa in der Höhle des Strahlenden Lichts.

Das Treffen mit Sangye Kyab bei der Rückkehr nach Ragma

NAMO GURU. Der Meister Milarepa ging von der Höhle des Strahlenden Lichts aus nach Kyidrong in Mang-yul, wo er Essen erbetteln und sich stärken wollte. In der Mitte der Ortschaft wandte er sich an die dort versammelte Menschenmenge: »Ihr Leute, gebt mir Yogi heute morgen etwas zu essen.« Sie antworteten: »Bist du der Yogi, der schon früher einmal hier in Ragma gelebt hat?« »Der bin ich«, erwiderte er. »Dann bist du ein bewundernswerter Mensch!« sagten sie ehrfürchtig. Unter den Anwesenden war ein kinderloses Ehepaar. Sie luden ihn zu sich ein, bewirteten ihn und erkundigten sich: »Verehrter Lama, wo ist dein Heimatland und deine Familie?« Der Meister sagte: »Ich bin ein Bettler, der Heimat und Familie aufgegeben hat und der von Heimat und Familie verlassen wurde.« »Gut, dann werde doch unser Adoptivsohn, wir besitzen guten Grund und Boden. Du nimmst dir ein liebenswertes Mädchen, dann kommt die Familie ganz von selbst.«

»Das brauche ich nicht, dem habe ich entsagt«, erwiderte der Meister und sang dieses Lied:

»Zuerst fühlt man sich auf dem Heimatboden wohl, ja glücklich,
und Körper, Rede und Geist sind ganz davon eingenommen.
Aber wie ermüdend wird später das Pflügen und Graben!
Du säst die Saat und erhältst nichts dafür zurück.
Eine Ortschaft, die wegen Unwettern an Hungersnot leidet,
gleicht einem schutzlosen Ort, wo Duftesser[44] wohnen.
Am Ende muss man alles zurücklassen und gehen.
Ein Zuhause, wo man doch nur Missetaten anhäuft, verzehrt den Geist.

44 Duftesser, Tib. *dri za:* eine Klasse von Hungergeistern.

Ich habe kein Verlangen nach solch einem vergänglichen
Kerker.
Euer Adoptivsohn werde ich nicht!«

Die beiden erwiderten: »So solltest du nicht reden! Wir werden dir eine Braut suchen, ein Mädchen aus guter Familie, das dir gefällt.« Milarepa antwortete mit diesem Lied:

»Eine Freundin ist zuerst eine lächelnde Göttin,
an deren Antlitz man sich nicht sattsehen kann.
Später wird sie zu einer Dämonin mit Leichenaugen.
Sagst du ihr etwas, kriegst du es doppelt zurück;
hältst du sie an den Haaren, greift sie dich bei den Knien;
schlägst du sie mit dem Stock, schwingt sie die Kelle.
Am Ende wird sie eine zahnlose alte Kuh;
ihr feindseliger Menschenfresserblick verzehrt den Geist.
Diesen boshaften Streithexen habe ich entsagt;
eure junge Freundin interessiert mich nicht!«

»Verehrter Lama, wenn man alt geworden ist und bald sterben muss, ist es nicht mehr so, wie wenn man jung ist. Wenn man dann keinen Stammhalter hat, ist das sehr bedrückend. Du brauchst deshalb einen Sohn – ist es nicht so?« Milarepa antwortete mit diesem Lied:

»Anfangs ist ein Sohn ein hübsches Götterkind,
für das man grenzenlose Liebe empfindet.
Später verlangt er streng, was ihm zusteht;
du gibst ihm alles, doch nie ist er zufrieden.
Er nimmt sich eine fremde Frau ins Haus
und wirft die gütigen Eltern hinaus.
Der Vater ruft, doch er antwortet nicht;
verlangt die Mutter nach ihm, erhält sie keine Antwort.
Am Ende wird er zu einem lieblosen Nachbarn,
der dich mit seinen Lügen ruiniert.

solch ein Widersacher, von dir selbst in die Welt gesetzt,
verzehrt den Geist.
Dieses samsarische Zaumzeug habe ich abgelegt;
weltliche Kinder will ich nicht!«

Die beiden fuhren fort: »Es kann schon vorkommen, dass der eigene Stammhalter zum Widersacher wird. Vielleicht wäre es besser, eine Tochter zu haben, sonst ist man nicht zufrieden.« Milarepa antwortete mit diesem Lied:

»Zuerst ist eine Tochter ein lächelnder Engel;
sie hat die Macht, das Beste von allem zu bekommen.
Später ist sie nie zufrieden mit dem, was sie erhält.
Dem Vater nimmt sie Sachen vor den Augen weg,
von der Mutter stiehlt sie heimlich.
Sie zeigt keine Dankbarkeit für das, was sie ihr geben,
und bringt die gütigen Eltern zur Verzweiflung.
Am Ende wird sie zur rotgesichtigen Hexe.
Wenn man Glück hat, hilft sie einem dabei, Reichtum anzusammeln;
wenn man Pech hat, häuft sie Unglück über einen.
Solch eine unheilvolle Hexe verzehrt den Geist.
Derartig endlosen Enttäuschungen habe ich entsagt;
ich will keine Tochter, Quelle allen Unglücks!«

Die beiden sagten: »Na gut, man braucht vielleicht keine Söhne und Töchter, aber ohne irgendwelche Verwandte leidet man sehr, weil man sich so hilflos und schwach fühlt.« Er antwortete mit diesem Lied:

»Am Anfang freut man sich, Verwandte zu treffen,
und man lächelt sich an.
Das ganze Land hallt wider von
›Kommt zu Besuch!‹, ›Bleibt doch hier!‹
später dann lädt man sich gegenseitig ein zu Fleisch und Wein,
weil man sich verpflichtet fühlt und weil es erwartet wird.

Am Ende bereut man's, weil Verwandte nur Begierde und Hass
entfachen.
Solche beklagenswerten Unheilstifter verzehren den Geist.
Diese Tischgenossen guter Zeiten habe ich aufgegeben;
weltliche Verwandtschaft will ich nicht!«

Nun redeten sie beide eindringlich auf ihn ein: »Du hast recht, wenn du keine engere und weitere Verwandtschaft möchtest; wir besitzen genug Geld und Gut. Nimm wenigstens unseren Besitz an.«

Der Djetsün erwiderte: »Um die Dunkelheit eines kleinen Landes zu erhellen, bleiben Sonne und Mond nicht stehen. Ich habe mir vorgenommen, zum Wohle vieler Lebewesen zu praktizieren, und werde daher in diesem Leben nicht euer Adoptivsohn. Dass ihr mich getroffen habt, wird euch bereits viel Nutzen in diesem und im nächsten Leben bringen. Ich bete, dass wir uns im nächsten Leben im reinen Land von Urgyen wiedertreffen«, und er sang dieses Lied:

»Zuerst freut man sich über seinen Besitz,
und er wird von anderen begehrt.
Doch soviel man auch hat, man ist nie zufrieden damit.
Dann wird man vom Knoten des Geizes gefesselt
und ist außerstande, etwas für gute Zwecke wegzugeben.
Besitz lockt Feinde und Dämonen an.
Was man selbst angesammelt hat, werden andere genießen;
am Ende wird man deswegen noch umgebracht.
Besitz ist ein Verbündeter des Feindes und verzehrt den Geist.
Diesen Köder von Samsara habe ich aufgegeben;
solchen Teufelstrug will ich nicht!«

So sang er. Die beiden fassten unumstößliches Vertrauen zum Djetsün und gaben ihren gesamten Besitz für Dharma-Zwecke. Sie ersuchten den Djetsün um Belehrungen und praktizierten sie. Als sie starben, erreichten sie den Anfang des Befreiungsweges. Für immer vom Leid der schlechten Daseinsformen befreit, werden sie nach und nach Erleuchtung erreichen.

Danach ging der Djetsün wieder zur Erleuchtungsfestung in Ragma. Während er dort lebte, versorgten ihn seine früheren Wohltäter. Die Praxis des Djetsün ging gut voran, als ihn eines Tages zwei Viehhirten besuchten.

Der Jüngere fragte: „Hat der Lama keinen Gefährten?«

»Doch, habe ich«, erwiderte er.

»Wie heißt er denn?« wollte er wissen.

»Mein Gefährte heißt Erleuchtungsgeist.«

»Wo ist er jetzt?«

»Er ist im Hause des Allgrundbewusstseins.«

»Was ist es denn, was du das Haus des Allgrundbewusstseins nennst?«

»Meinen Körper nenne ich so«, erwiderte der Djetsün.

Da sagte der Ältere der beiden: »Lama, du bist keine Zuflucht für uns; wir werden wieder gehen!«

Der Jüngere aber forschte weiter: »Ist Bewusstsein das, was man Geist nennt? Ist dieser Körper das Haus des Geistes?«

»So ist es«, erwiderte der Djetsün.

»Ein normales Haus kann entweder von einer Person oder von vielen Menschen bewohnt werden. Gibt es im Körper einen einzigen Geist oder mehrere davon? Kann es sein, dass es mehrere gibt?«

Der Djetsün entgegnete: »Untersuche selbst, ob es einer ist oder viele.« »Das werde ich tun«, sagte er, und beide Viehhirten gingen fort.

Am nächsten Vormittag kam der jüngere Knabe zurück: »Verehrter Lama, vergangene Nacht habe ich nachgedacht und geschaut, wie es ist: Es gibt nur einen Geist! Will man ihn umbringen, geht es nicht; will man ihn vertreiben, weicht er nicht; will man ihn festhalten, lässt er sich nicht fassen; man kann ihn nicht unterdrücken; will man, dass er still steht, bleibt er nicht; schickt man ihn weg, geht er nicht; versucht man ihn zu sammeln, gelingt es nicht; schaut man nach ihm, ist nichts zu sehen; wenn man ihn untersucht, ist nichts zu erkennen; wenn man denkt, er existiert, passiert nichts; denkt man, er existiert nicht, bricht er hervor; er ist bewusst und klar, und alles mögliche erscheint in ihm; er bringt plötzlich etwas hervor und löst sich plötzlich wieder auf. Ich verstehe nicht, was Geist ist, Lama, bitte erkläre es mir.« Darauf sang der Djetsün dieses Lied:

»Hirte, höre mir gut zu!
den zuckersüßen Geschmack von Melasse
schmeckt man nicht vom Hören seiner Eigenschaften.
Auch wenn man seine Eigenschaften mit dem Verstand versteht,
weiß man erst, wie er schmeckt, wenn man ihn auf der Zunge kostet.

Ebenso ist es mit der Natur des Geistes.
wenn sie von anderen beschrieben wird,
besteht nur eine kleine Möglichkeit, sie zu verstehen.
Doch wenn du aufgrund dieser kleinen Gelegenheit
die Natur des Geistes selbst erforschst,
wirst du sie mit Sicherheit verstehen.
Merke dir das, Hirtenjunge!«

So sang er. Der Knabe sagte: »Ja, Lama, dann gib mir bitte diese Gelegenheit; ich werde den Geist heute Abend untersuchen und komme morgen wieder.«

Der Djetsün: »Gut, untersuche heute Abend, ob der Geist weiß oder rot ist oder sonst irgendeine Farbe hat, ob er länglich oder rund ist oder sonst irgendeine Form hat; untersuche von Kopf bis Fuß, wo er sich befindet.«

Am folgenden Morgen, nach Sonnenaufgang, trieb der Knabe das Vieh zum Weiden und kam zurück. Der Djetsün fragte ihn: »Hast du gestern Abend den Geist erforscht?« »Ja, das habe ich getan«, erwiderte der Knabe. »Wie sieht er denn aus?« fragte der Djetsün. Da berichtete der Junge: »Er ist immer in Bewegung, ist transparent, strahlend klar, ungreifbar; er hat weder Farbe noch Form. Mit den Augen verbunden, sieht er; mit den Ohren verbunden, hört er; mit der Nase verbunden, riecht er; mit der Zunge verbunden, schmeckt er; mit den Beinen verbunden, geht er; wenn sich oben etwas bewegt, ist unten alles in Aufruhr. Der ganze Körper ist sein

Diener. Wenn es dem Körper gut geht, benutzt der Geist ihn. Ist der Nutzen des Körpers eingeschränkt, weil er altersschwach oder verletzt ist, lässt der Geist ihn zurück wie einen Stein, den man zum Hintern abwischen benutzt hat, und geht einfach weiter. Der Geist wiederum kann nicht einfach locker und entspannt bleiben, weil ihm der Körper unaufhörlich Leiden verursacht. Er muss sich mit vielem herumplagen, nur abends, nach dem Schlafengehen, ist er unabhängig. All mein Leiden geht auf ihn zurück.« Daraufhin sang der Djetsün dieses Lied:

»Hirtenjunge, höre mir gut zu!
wenn Körper und Geist voneinander getrennt werden,
erfährt das Bewusstsein als Folge negativer Handlungen
das Leid der niederen Daseinsbereiche.

Lieber Sohn, möchtest du Samsara hinter dir lassen
und zur großen Stadt der Befreiung in den höheren Bereichen gehen?
wenn du dorthin gehen möchtest, kann ich dich leiten.«

»Glaube mir, das möchte ich sehr gerne«, sagte der Junge. »Wie heißt du?« »Ich bin der Laienbuddhist Sangye Kyab«, antwortete er. »Wie alt bist du?« »Ich bin sechzehn Jahre alt.«

Daraufhin gab der Djetsün ihm die mündliche Textübertragung für die Zufluchtnahme, erklärte ihm kurz deren Nutzen und trug ihm auf: »Nimm von heute Abend an ununterbrochen Zuflucht, und untersuche, ob der Körper oder der Geist der Zufluchtnehmer ist, und komm dann morgen Vormittag wieder.«

Als der Junge am nächsten Morgen zurückkam, erklärte er: »Verehrter Lama, gestern Abend habe ich untersucht, ob der Körper oder der Geist der Zufluchtnehmende ist. Es ist keiner von beiden. Der Körper besteht aus vielen verschiedenen Teilen, und von Kopf bis Fuß hat jeder seinen eigenen Namen. Dann überlegte ich, ob der Körper als Ganzes vielleicht der Zufluchtnehmer ist. Doch wenn sich der Geist vom Körper getrennt hat, nennt man ihn nur noch Leiche, und die kann man nicht als Zufluchtnehmer bezeichnen. Wenn die Leiche zerfallen ist, kann man sie nicht mal mehr als Leiche bezeichnen. Gut, dann habe ich geschaut, ob der Geist der Zufluchtnehmer ist. Den Zufluchtnehmer Geist zu nennen wäre nicht richtig, und den Geist Zufluchtnehmer zu nennen wäre ebenfalls nicht richtig. Würde man den Geist erst Geist nennen und danach Zufluchtnehmer, dann wäre der Geist bereits vorüber, wenn man ihn Zufluchtnehmer nennt, und man müsste den gegenwärtigen und den zukünftigen Geist von neuem benennen. Würde man alle vergangenen und alle nachfolgenden Geistesmomente Zufluchtnehmer nennen, dann würde es genügen, alle Existenzen in den sechs Daseinsformen einfach Zufluchtnehmer zu nennen, weil der Geist unsterblich ist. Ich erinnere mich jedoch nicht, was ich in früheren Existenzen getan habe, und weiß auch nicht, was ich in zukünftigen tun werde. Was der Geist im letzten Jahr und gestern erfahren hat, ist vorbei. Was der Geist morgen und übermorgen erfahren wird, ist noch nicht da. Der gegenwärtige Geist bleibt auch nicht stehen. Lama, bitte, erkläre mir das. Du verstehst das ganz sicher.« Als Antwort sang der Djetsün dieses Lied:

»Zum Lama, der erkannt hat, dass die wahre Natur
ohne Selbst ist,
beten wir respektvoll mit unseren Drei Toren.
Gewähre deinen Segen, damit ich und meine Schüler
erkennen, dass die wahre Natur der Dinge ohne Selbst ist,
und halte uns in deinem Mitgefühl,
bis wir uns vom Haften an einem Selbst gelöst haben.

Hirtenjunge, dann höre mir gut zu!
das dualistische, an einem Selbst haftende Bewusstsein
habe ich nie gesehen, wie sehr ich auch schaute.
Wenn du fähig bist, Mahamudra zu praktizieren,
dann wirst du sehen, ohne irgend etwas zu sehen.

Um Mahamudra praktizieren zu können,
musst du dich sehr um respektvolles Vertrauen bemühen
und Ursache und Wirkung des samsarischen Weges verstehen.

Damit du die Frucht verwirklichen kannst,
brauchst du Ermächtigung, Textübertragung
und Unterweisungen von einem Lama.

Damit ein Schüler ein geeignetes Gefäß
für die mündlichen Unterweisungen wird,
muss er Verdienst ansammeln,
muss Glück und Unglück ertragen
und den Tod in Kauf nehmen können.

Kannst du so praktizieren, Jüngling?
wer so praktiziert, hat gutes Karma, das jetzt reift;
kannst du es nicht, sind weitere Erklärungen hier nicht angebracht.

Nun überlege dir folgendes:
wenn man kein Haften an einem Selbst oder Ich finden kann,
wird dies ›Abwesenheit eines Selbst in der Person‹ genannt.
Wenn du die ›Abwesenheit eines Selbst in allen
Phänomenen‹ verstehen möchtest,
dann folge mir zwölf Jahre lang,
und du wirst die Natur des Geistes verstehen.
Jüngling, behalte dies im Gedächtnis!«

So sang er. Der Knabe entgegnete: »Ich unterwerfe mich dem Lama. Du weißt am besten, wie ich den Geist erforschen muss.« Daraufhin dachte der Djetsün bei sich, er müsse herausfinden, ob dieser Knabe meditieren könne oder nicht: »Bete zu den Drei Juwelen, und meditiere über eine Form des Buddha, unseres Lehrers, gerade vor dir, auf der Höhe der Nasenspitze.« Mit dieser Übung der geistigen Ruhe schickte er ihn weg. Nachdem der Junge sieben Tage fortgeblieben war, suchte sein Vater den Djetsün auf: »Verehrter Lama, mein Sohn ist seit einer Woche nicht mehr zu Hause gewesen. Wir dachten, ihm sei etwas zugestoßen, und gingen ihn suchen. Seine Hirtenfreunde sagten, er sei zum Lama gegangen, um Dharma-Unterweisungen zu hören. Dann wird er wohl inzwischen zurückgekommen sein, dachten wir; doch dem war nicht so. Ist er hiergewesen?«

»Er war zuletzt vor sieben Tagen hier«, entgegnete der Djetsün. Weinend ging der Vater nach Hause. Dann suchten sie erneut überall nach ihm und fanden ihn schließlich, kerzengerade in einer Lehmgrube sitzend und geradeaus vor sich hin starrend. »Was machst du denn da?« fragten sie. »Ich praktiziere die Meditationsanweisungen meines Lamas«, erwiderte er. »Warum bist du denn seit sieben Tagen nicht nach Hause gekommen?« erkundigten sie sich. »Ihr lügt, ich sitze gerade erst einen Augenblick hier«, entgegnete er. Doch als er nach der Sonne schaute, wunderte er sich: »Wie kommt es, dass es jetzt früher ist als vorhin, als ich mich zum Meditieren hinsetzte?« Von da an kam es häufig vor, dass er fünf, sechs Tage verschwunden war und gesucht werden musste. Sie wurden es müde, sich immer wieder um ihn sorgen und ihn suchen zu müssen.

»Willst du ganz zum Lama gehen?« fragten sie, und er bejahte. So schickten sie ihn mit Proviant zum Lama. Der Lama gab ihm die buddhistischen Laiengelübde, erklärte ihm die Lehre von Ursache und Wirkung und gab ihm schließlich die Unterweisungen über die gleichzeitig existierende Einheit. Die Meditation des Jungen machte gute Fortschritte, und der Lama sang hocherfreut dieses Lied:

»Ich verbeuge mich vor Marpa dem Übersetzer,
der von dem glorreichen Naropa und von Maitripa gesegnet wurde!

Das theoretische Dharma-Wissen einiger großer Lehrer
mag zwar sehr umfassend sein,
wenn sie das Dharma jedoch nur mit dem Munde predigen,
löst sich ihr theoretisches Dharma in Luft auf,
sobald ihr Geist sich vom stofflichen Körper trennt.
Ihre Wahrnehmung der strahlenden Klarheit ist getrübt,
und der im Todesmoment erscheinende Dharmakaya
geht in Angst und Schrecken unter.

Die Schriften, die sie ein Leben lang studierten,
nützen ihnen gar nichts, wenn der Geist den stofflichen Körper verläßt!

Alle Meditierenden, die sich darin üben, geistige Ruhe zu entwickeln,
halten die deutlich fassbaren Klarheitserfahrungen
für intuitive Einsicht und geben sich damit zufrieden.
Doch die intuitive Einsicht des Dharmakaya beim Sterben,
das Treffen von Mutter- und Kind-Lichtheit, erkennen sie nicht.
All ihre Geübtheit in geistiger Ruhe nützt ihnen beim Sterben nichts,
sondern wird zur Ursache eines Tierdaseins.

Mein Sohn, Sangye Kyab, hör gut zu!
Wenn du beim Meditieren die richtige Körperhaltung einnimmst
und die Wahrnehmungen in einer Erfahrung des Nichtdenkens aufhören,
so wird dies dumpfe geistige Ruhe genannt.

Wenn du klar die Achtsamkeit aufrechterhältst,
dann erfährst du ein inneres Strahlen, ähnlich dem eines Kerzenlichts,
eine innewohnende Reinheit, wie die einer Lotusblüte,
ein offenes Gewahrsein, unverhüllt und nackt,
wie wenn du mit den Augen in den Himmel blickst.
Diese strahlend klare Reinheit, frei von Denken,
ist die Erfahrung der geistigen Ruhe.

Mit dieser Erfahrung als Grundlage,
durch dein Gebet zum kostbaren Meister
und durch dein theoretisches Verständnis
des Nichtvorhandenseins eines Selbst,
das du bei deinen Dharma-Studien und durch Nachdenken erworben hast,

kommt unterscheidende Einsicht hervor:
Sie ist umso besser, je klarer die geistige Ruhe ist.

Dem, der starke Liebe und Mitgefühl empfindet,
fest entschlossen ist, anderen zu helfen,
und durch reine Gebete emporgehoben wird,
offenbart sich der wahre Weg des Sehens:
In echter intuitiver Einsicht versteht er das, was nicht gesehen werden kann.

Dann erkennt er den grundlegenden Fehler von Hoffnung und Furcht;
er ist, ohne gegangen zu sein, auf der Stufe der Buddhaschaft angelangt
und sieht den Dharmakaya, ohne zu schauen.
Ohne jegliches Dazutun hat sich sein Wunsch von selbst erfüllt.
Mein Sohn, merke dir das gut!«

So sang er. Der Djetsün nahm den Knaben als Schüler an und gab ihm alle Ermächtigungen und Unterweisungen. Nachdem der Knabe seine meditativen Erfahrungen und Erkenntnisse vollendet hatte, nannte man ihn den Herzensschüler Repa Sangye Kyab.

Dies war die Geschichte über den zweiten Besuch in Ragma und das Treffen mit Repa Sangye Kyab.

Wie Tönpa Shakyaguna in der Magengrotte zu Nyanang zum Schüler wurde

NAMO GURU. Als der Djetsün von Kyidrong in Mang-yul nach Nyanang zurückkam, waren seine früheren Gönner überglücklich und baten ihn, für immer bei ihnen zu bleiben.

Während er in einer Grotte lebte, die zwischen Ober- und Unter-Tsang unter einem magenförmigen Felsen lag, besuchten ihn Tönpa Shakyaguna und die Dharma-Schüler von Nyanang. Sie erkundigten sich, welche Fortschritte der Djetsün in der Praxis gemacht und welche Gewissheiten er erlangt habe, während er in den Einsiedeleien anderer Landesteile lebte. Er antwortete mit diesem Lied:

»Ich verbeuge mich vor Marpa dem Übersetzer.
während ich in den anderen Bergeinsiedeleien meditierte,
erlangte ich Gewissheit über die ungeborene Wirklichkeit.
Das dualistische Haften an der Vorstellung
von vorherigen und zukünftigen Leben hat sich aufgelöst,
die Erscheinungen der sechs Daseinsformen sind als
Täuschung entlarvt,
und die Illusion von Geburt und Tod ist beendet.

Ich erlangte Gewissheit über die Gleichheit aller Dinge.
Das dualistische Haften an der Vorstellung
von Glück und Unglück hat sich aufgelöst,
Gefühlserfahrungen wurden als Täuschung entlarvt,
und ich hege keine Vorurteile mehr, so dass ich nichts ablehne
oder anstrebe.

Ich erlangte Gewissheit über die Untrennbarkeit.
Das dualistische Haften an der Vorstellung

von Samsara und Nirvana hat sich aufgelöst,
das Erklimmen spiritueller Stufen und Wege ist als Täuschung entlarvt,
und Hoffnung und Furcht verblenden mich nicht mehr.«

So sang er. Sie wollten wissen, welche anderen meditativen Erfahrungen er gemacht habe. »Mir fiel eine für euch Dharma-Praktizierende gut geeignete Praxis ein«, erwiderte er und sang dieses Lied:

»Als äußere Umstände erscheinen Vater und Mutter,
innerlich erscheint das eigene Allgrundbewusstsein,
und dazwischen erlangt man einen reinen Menschenkörper.
Auf diese Weise wird man nicht
in den drei schlechten Daseinsformen wiedergeboren.

Außen erscheint die Wahrnehmung von Geburt und Tod,
innerlich entstehen Vertrauen und die Abkehr vom Daseinskreislauf,
und dazwischen erinnert man sich an die Lehre des Buddha.
Auf diese Weise werden Heimat und Freunde nicht zum Verhängnis.

Der Vater-Lama erscheint als äußerer Umstand,
innerlich entwickelt man sein eigenes Erkenntnisvermögen,
und dazwischen entsteht Verständnis aufgrund von Vertrauen.
Auf diese Weise haben wir keine Zweifel über das Dharma.

Außen erscheinen die Wesen der sechs Daseinsformen,
innen entsteht allseitiges Mitgefühl,
und dazwischen erinnert man sich daran,
seine meditativen Erfahrungen lebendig zu erhalten.
Auf diese Weise verkümmert Mitgefühl nicht zu abstraktem Wunschdenken.

Im Äußeren erfährt man die Selbstbefreiung der drei Welten,
innerlich erfährt man das selbstexistierende Urbewusstsein,

und dazwischen hat man die Gewissheit der Erkenntnis.
Auf diese Weise ist man ohne Furcht vor dem Bösen.

Außen erscheinen die fünf begehrenswerten Sinnesobjekte,
innen erscheint die Weisheit, frei von Haften,
und dazwischen praktiziert man
den gleichen Geschmack der Erfahrungen.
Auf diese Weise gibt es kein dualistisches Haften an Glück und Leid.

Äußerlich gibt man seine Beschäftigungen auf,
innerlich hat man weder Hoffnung noch Furcht,
und dazwischen ist man frei von der Krankheit ehrgeizigen Strebens.
Auf diese Weise gibt es kein dualistisches Haften an Tugend und Laster.«

So sang er. Tönpa Shakyaguna erklärte: »Die Praxis des Djetsün ist sicherlich von Anfang an gut gewesen. Ich habe den Djetsün zwar früher schon getroffen, doch hatte ich kein Vertrauen in deine Unterweisungen. Nun aber möchte ich dich um Ermächtigungen und Unterweisungen bitten.« Der Djetsün gab ihm Ermächtigungen und Belehrungen und ließ ihn meditieren.

Nachdem Tönpa einige meditative Erfahrungen gemacht hatte, berichtete er dem Djetsün: »Gäbe es keine Erscheinungen und kein Samsara, brauchte man nicht praktizieren. Ohne Geist gäbe es niemanden, der denkt. Ohne Lama wüssten wir nicht, wie wir praktizieren sollen. Bitte sage mir, was für jeden dieser Punkte kennzeichnend ist, und kläre mich über die Natur des Geistes auf.« Der Djetsün antwortete mit diesem Lied:

»Kennzeichnend für Erscheinungen ist, dass sie ungeboren sind;
stellt man sich vor, sie entstehen, so ist das Dinglichkeitshaften.

Kennzeichnend für Samsara ist, dass es ohne Grundlage ist;

die Vorstellung von einer Grundlage ist begriffliches Denken.

Kennzeichnend für den Geist ist seine ungespaltene Einheit;
nur Teilaspekte beachten führt zu einseitigen Standpunkten.

Kennzeichnend für einen Lama ist seine Übertragungslinie;
wer sich nur selbst etwas ausdenkt, ist ein Dummkopf.

Die Natur des Geistes ist wie der Himmel;
manchmal wird sie von Wolken der Begrifflichkeit verdeckt.
Die Unterweisungen eines qualifizierten Lamas
wirken wie der Wind.

Das eigentliche Wesen der Gedanken ist strahlende Klarheit;
und Erfahrungen scheinen wie Sonne und Mond.
Die Klarheit, jenseits von Raum und Zeit,
ist ungreifbar und unbeschreiblich,
und Gewissheit leuchtet wie ein Stern.

Was immer man erfährt, ist untrennbar vom großen Glück,
denn die eigentliche Natur von allem ist der Dharmakaya,
jenseits von Begriffen.
Die bedingten Erscheinungen der sechs Wahrnehmungen
sind von Natur aus offen-leer.
Mühelos wird die spontan vorhandene Reinheit erfahren,
denn in der höheren Natur von einem selbst und allen Wesen
ist das von Haften freie Urbewusstsein immer gegenwärtig.
Wie wunderbar sind doch die drei untrennbaren
Buddha-Körper!«

So sang er und fuhr fort: »Tönpa, sehne dich nicht nach Berühmtheit in diesem Leben, nach Bequemlichkeit und Glück; jage nicht hinter abstrakten Begriffen und Worten her, und praktiziere, solange du lebst! Das gilt für dich und alle anderen Dharma-Praktizierenden; setze den Sinn dieser Worte in die Praxis um.« Dann sang er dieses Lied:

»Ihr edlen, vom Glück begünstigten Menschen!
Steht es etwa nicht fest, dass dieses Leben trügerisch ist?
Ist es etwa fraglich, dass Besitz illusorisch ist?
Stimmt es etwa nicht, dass es im Samsara keinen Frieden gibt?
Ist es etwa ungewiss, dass Glück wie ein Traum ist?
Stimmt es etwa nicht, dass Lob und Tadel wie ein Echo sind?
Steht es etwa nicht fest,
dass Erscheinungen von der Natur des Geistes sind?
Steht es etwa nicht fest, dass der eigene Geist Buddha ist?
Steht es etwa nicht fest, dass Buddha der Dharmakaya ist?
Steht es etwa nicht fest,
dass der Dharmakaya die absolute Wirklichkeit ist?

Erkenntnis bedeutet zu verstehen,
dass alle Erscheinungen im Geist erfahren werden.
Betrachtet den Geist Tag und Nacht.
Wenn ihr den Geist betrachtet, ist nichts zu sehen.
Verweilt in dieser Weite, in der es nichts zu sehen gibt.

Mahamudra ist von Natur aus jenseits des Vorstellbaren,
man kann es mit dem Verstand nicht begreifen,
aber man kann es erfahren.

Da Meditation und Nach-Meditation untrennbar sind,
gibt es für mich keine Stufen der Meditation.
Was immer erscheint, ist von Natur aus offen-leer,
ganz gleich, ob ich achtsam bin oder nicht.
So erfahre ich den Geschmack der ungeborenen Wirklichkeit.

Um diese Meditation zu verstehen,
gibt es die Einstiegsmethoden des Mahayana,
wie die tantrische Praxis mit einer Gefährtin,
die Praxis mit den Körperenergien,
Mantra-Rezitation und das Visualisieren von Gottheiten,
die Meditation über die vier grenzenlosen Tugenden und so weiter.

Praktiziert man diese Methoden jedoch nur auf der
begrifflichen Ebene,
kann man die Wurzel von Anhaftung und Abneigung nicht
durchtrennen.

Man muss verstehen,
dass Erscheinungen im eigenen Geiste erfahren werden
und dass die Natur des Geistes offen-leer ist.
Ist man nicht von dieser Erkenntnis getrennt,
dann ist alles tugendhafte Handeln, wie Disziplin und
das Darbringen von Opfergaben, darin einbegriffen.«

So sang er. Tönpa Shakyaguna widmete von da an all seine Zeit der Praxis, machte außergewöhnliche meditative Erfahrungen und wurde einer der engsten Schüler, genannt Töngom Repa.

Dies war die Geschichte, wie Tönpa Shakyaguna in der Magengrotte zu Nyanang Milarepas Schüler wurde.

Das Treffen mit der Schülerin Padarbum

NAMO GURU. Djetsün Milarepa machte sich auf den Weg ins nördliche Tago-Gebirge, um dort zu meditieren. Als es Herbst geworden war, erreichte er die Ortschaft Gäpa Lesum in Tschung, wo die Einwohner gerade ihre Ernte einbrachten. Auf einem großen Feld arbeiteten besonders viele Leute; sie wurden von einem etwa fünfzehnjährigen Mädchen beaufsichtigt, das die Zeichen einer Weisheits-Dakini[45] besaß. Dort ging er hin und sagte: »Ihr Wohltäter, bitte gebt mir Yogi etwas Essen.« Das Mädchen erwiderte: »Yogi, geh zur Tür des Hauses dort drüben, und warte auf mich, ich komme gleich nach.«

An der Haustür angekommen, stieß der Djetsün sie mit seinem Wanderstab auf. Kaum war die Tür aufgesprungen, da erschien von innen eine hässliche Alte mit einer Handvoll Asche. »Im Sommer bettelt ihr um Butter und Käse, im Winter bettelt ihr um Bier. Ihr seid ständig unterwegs. Du bist bestimmt gekommen, weil du den Schmuck meiner Tochter und Schwiegertochter klauen wolltest und nicht damit gerechnet hast, dass jemand hier ist«, kreischte sie, am ganzen Körper zitternd, und wollte ihn mit Asche bewerfen. Als sie weiterschimpfte, sprach der Djetsün: »Altes Weib, mit Asche kannst du mich auch später noch bewerfen, höre dir erst einmal dieses Lied von Milarepa an«, und er sang der Alten dieses Lied über neun Tatsachen:

»Oben gibt es das Glück der höheren Daseinsformen und der Befreiung,
unten das Leid der drei schlechten Daseinsbereiche,
dazwischen hat man keine Wahl, wo man geboren wird.
Boshafte Großmutter, die nichts vom Dharma wissen will,

45 D. h., sie hatte ein großes spirituelles Potential.

angesichts dieser drei Gegebenheiten
ist es an der Zeit, dich um deinen Geist zu kümmern.
Du solltest die wahre Lehre Buddhas praktizieren
und dich auf einen befähigten Lama stützen.

Überlege dir, ob es sich so zugetragen hat:
seitdem du verheiratet wurdest,
stehst du am Morgen als erste auf,
gehst am Abend als letzte schlafen
und hast nie endende Arbeit zu tun.
Versklavte Großmutter ohne Lohn und Essen,
angesichts dieser drei Gegebenheiten
ist es an der Zeit, dich um deinen Geist zu kümmern.
Du solltest die wahre Lehre Buddhas praktizieren
und dich auf einen befähigten Lama stützen.

Überlege dir mal, ob es dann so gewesen ist:
da ist erstens der ach so wichtige Hausherr;
dann sind da die Steuern, die man abgeben muss,
auch wenn man nichts besitzt;
und drittens die Kinder, die man unbedingt haben muss.
Unglückliche Großmutter, deren Bedürfnisse nie wichtig waren,
angesichts dieser drei Gegebenheiten
ist es an der Zeit, dich um deinen Geist zu kümmern.
Du solltest die wahre Lehre Buddhas praktizieren
und dich auf einen befähigten Lama stützen.

Überlege mal, ob du dies erlebt hast:
Diebe, die heimlich stehlen, wenn sich die Gelegenheit bietet,
oder mit Gewalt rauben, wenn es nicht anders geht;
und Streitereien, wo man weder verwundet noch getötet wird.
Großmutter, die den inneren Feind nicht bemerkt,
angesichts dieser drei Gegebenheiten
ist es an der Zeit, dich um deinen Geist zu kümmern.
Du solltest die wahre Lehre Buddhas praktizieren
und dich auf einen befähigten Lama stützen.

Überlege mal, ob du dies erlebt hast:
erstens, den Töchtern anderer Leute schmeicheln,[46]
zweitens, verletzende Worte der eigenen Söhne,
und drittens, allen möglichen Unsinn der Enkel.
Großmutter, die alles geduldig ertragen muss,
angesichts dieser drei Gegebenheiten
ist es an der Zeit, dich um deinen Geist zu kümmern.
Du solltest die wahre Lehre Buddhas praktizieren
und dich auf einen befähigten Lama stützen.

Überlege mal, ob es so ist:
beim Aufstehen gleichst du jemandem, der einen Pflock ausreißt;
beim Gehen gleichst du jemandem, der sich an einen Vogel anschleicht;
beim Hinsetzen gleichst du einem Sack voll Erde, der abgesetzt wird.
Du traurige Großmutter, deren illusorischer Körper schwach geworden ist,
angesichts dieser drei Gegebenheiten
ist es an der Zeit, dich um deinen Geist zu kümmern.
Du solltest die wahre Lehre Buddhas praktizieren
und dich auf einen befähigten Lama stützen.

Überlege dir, ob es jetzt so ist:
außen zieht sich die Haut zu Runzeln zusammen;
innen vertrocknen Fleisch und Blut, so dass die Knochen hervorstehen;
dazwischen wird man duselig, stumm, taub, blind und wirrköpfig.
Hässliche Großmutter mit Zornesrunzeln,
angesichts dieser drei Gegebenheiten
ist es an der Zeit, dich um deinen Geist zu kümmern.

46 Sie muss sich mit allen gut stellen, weil sie nicht weiß, welche von ihnen ihre Schwiegertochter wird.

Du solltest die wahre Lehre Buddhas praktizieren
und dich auf einen befähigten Lama stützen.

Überlege dir, ob es jetzt so ist:
erstens, kaltes und unreines Essen und Trinken;
zweitens, schwere und zerlumpte Kleider;
und drittens, das Schlaflager aus vier Fellen
zusammengestückelt.
›Hochentwickelte‹[47] Großmutter, über die Menschen
und Hunde hinwegtrampeln,
angesichts dieser drei Gegebenheiten
ist es an der Zeit, dich um deinen Geist zu kümmern.
Du solltest die wahre Lehre Buddhas praktizieren
und dich auf einen befähigten Lama stützen.

Bedenke, dass es so ist:
eine höhere Daseinsform und Befreiung ist noch seltener
als ein Stern bei Tageslicht.
Eine schlechte Daseinsform im Samsara ist dir aber ziemlich
sicher.[48]
Großmutter, voller Gewissensbisse und ohne Zuversicht,
jetzt, da die bedrückende Zeit gekommen ist,
wo Körper und Geist voneinander scheiden,
solltest du dich um deinen Geist kümmern.
Du solltest die wahre Lehre Buddhas praktizieren
und dich auf einen befähigten Lama stützen.«

So sang er. Vom Mitgefühl und der lieblichen Melodie des Djetsün tief berührt, fasste die Alte unwillkürlich Vertrauen, und die Asche rieselte ihr durch die Finger zu Boden.

47 Das Wort ist hier ironisch gebraucht, in Anspielung auf Yogis mit hoher Erkenntnis, die sich absichtlich solchen schwierigen Umständen aussetzen, um ihre Praxis zu vertiefen.

48 Eine Wiedergeburt in den schlechten Daseinsformen ist wesentlich wahrscheinlicher als eine in den höheren.

Während sie reuevoll Tränen vergoss im Bewusstsein all dessen, was sie bisher getan hatte, kehrte das Mädchen, das den Djetsün zur Tür geschickt hatte, vom Felde zurück und sagte: »Yogi, du bist mir ein seltsamer Dharma-Praktizierender, dass du eine alte Frau schlägst; wie konntest du sie nur schlagen!«

Die Alte sagte: »Mädchen, mach ihm keine Vorwürfe, er hat mir nichts angetan. Ich war es, die ihn beschuldigte, und er gab mir als Antwort eine Dharma-Unterweisung. Es war kein einziger Punkt dabei, den ich nicht erlebt hätte. Verzweifelt, voller Gewissensbisse und aus Reue darüber, dass ich nicht das Dharma praktizieren kann, musste ich weinen. Du bist da ganz anders als ich, bist jung, reich und mit Vertrauen gesegnet. Dieser Lama hier heißt Milarepa, achte ihn und bitte ihn um Dharma-Belehrungen.«

Das Mädchen entgegnete: »Ja, wenn das so ist, dann seid ihr beide großartig. Wenn du der machtvolle Milarepa bist, dann habe ich wahrlich Verdienst angesammelt, dass ich dich treffen kann. Es wird gesagt, dass ihr Dharma-Praktizierenden euren Schülern die Geschichte eurer Überlieferungslinie erzählt, so dass sie Vertrauen gewinnen können und sich ihre Einstellung zum Dharma wandelt. Beschreibe mir bitte deine Linie.« Der Djetsün erkannte in dem Mädchen eine ihm karmisch verbundene Schülerin und sang dieses Lied über das Zusammentreffen mit einer Überlieferungslinie:

»Erstens, Samantabhadra, der alldurchdringende Dharmakaya,
zweitens, der große Vajradhara,
mit Zeichen und Attributen geschmückter Sambhogakaya,
drittens, Shakyamuni, der zum Wohl der Lebewesen wirkende
Nirmanakaya.
Ich bin ein Yogi, der diese drei Linien bewahrt;
bist du eine Schülerin, die Vertrauen in diese drei Linien hat?«

»Diese Überlieferungslinien sind wundervoll, sie gleichen einer Wasserquelle, die einem Gletscher entspringt! Von euch Dharma-Praktizierenden wird gesagt, dass ihr euch mit Hilfe des äußeren Lamas innerlich über den ungeborenen Dharmakaya klarwerdet. Sage mir, an welchen Wurzel-Lama du dich gehalten hast.« Der Djetsün erwiderte: »Ich habe folgende Wurzel-Lamas«, und er sang dieses Lied über die geeigneten Lamas, auf die er sich stützt:

»Der äußere Lama klärt uns über die Natur des Geistes auf;
der innere Lama ist die eigene Praxis;
und der letztendliche Lama ist die Erkenntnis der Natur des Geistes.
Ich bin ein Yogi, der diese drei Lamas hat;
bist du eine Schülerin, die Vertrauen in diese drei Lamas besitzt?«

Sie entgegnete: »Diese Lamas sind bemerkenswert, sie gleichen Türkisen, die auf einer goldenen Kette aufgereiht sind! Welche Ermächtigungen hast du erhalten, bevor du Belehrungen von diesen Lamas erhieltest?« Er antwortete mit diesem Lied:

»Ich erhielt die äußere Ermächtigung,
bei der die Vase auf den Kopf gesetzt wird;
die innere Ermächtigung,
bei der erklärt wird, dass der eigene Körper eine Gottheit ist;
und die letztendliche Ermächtigung,
in der man über die wahre Natur des Geistes aufgeklärt wird.
Ich bin ein Yogi, der diese drei Ermächtigungen besitzt;
bist du eine Schülerin, die diese drei Ermächtigungen haben möchte?«

Wieder entgegnete das Mädchen: »Diese Ermächtigungen sind äußerst tiefgründig, sie gleichen dem Löwen, der als König der Raubtiere über alle anderen Tiere herrscht! Nun wird gesagt, dass man nach der Ermächtigung eine letztendliche Unterweisung erhält, um den Weg des Gewahrseins einzuschlagen. Welche Unterweisungen sind das?« Als Antwort sang er dieses Lied:

»Die äußeren Unterweisungen betreffen
Studium, Nachdenken und Meditation;

die inneren Unterweisungen erklären die Natur des
 Gewahrseins;
die letztendlichen Unterweisungen beinhalten,
dass Erfahrung und Erkenntnis untrennbar sind.
Ich bin ein Yogi, der diese drei Unterweisungen besitzt;
bist du eine Schülerin, die diese drei Unterweisungen möchte?«

So sang er. Sie fuhr fort: »Diese Unterweisungen gleichen einem makellosen Spiegel, der alle Formen widerspiegelt! Es heißt, nachdem man die Unterweisungen erhalten hat, müsse man in der Bergeinsamkeit leben und yogisches Handeln praktizieren. Welche Art von yogischer Handlungsweise hast du geübt?« Als Antwort sang er dieses Lied:

»Das Leben in der Bergwildnis, an Orten der Macht,
ist die äußere Handlungsweise;
den Körper als Opfergabe visualisieren
ist die innere Handlungsweise;
die einzige Wirklichkeit gründlich erforschen
ist die letztendliche Handlungsweise.
Ich bin ein Yogi, der diese drei Arten yogischen Handelns
 praktiziert hat;
bist du eine Schülerin, die diese drei Arten yogischen Handelns
 praktizieren möchte?«

So sang er. Sie fragte weiter: »Diese Handlungsweisen sind wirklich herrlich, sie gleichen einem Adler, der am Himmel dahingleitet und alle kleinen Vögel beherrscht! Nun heißt es, die Yogis würden ›PHAT‹ rufen, wenn sie die yogische Handlungsweise praktizieren, um alle Umstände in die Praxis zu integrieren. Erkläre mir bitte die Bedeutung von diesem ›PHAT‹.« Als Antwort sang er dieses Lied:

»Mit dem äußeren ›PHAT‹
werden die zerstreuten Gedanken gesammelt;
mit dem inneren ›PHAT‹

wird geistige Dumpfheit beseitigt;
mit dem letztendlichen ›PHAT‹
verweilt man
in der Erfahrung der wahren Natur.
Ich bin ein Yogi, der diese drei Arten von ›PHAT‹ praktiziert hat;
bist du eine Schülerin, die diese drei Arten von ›PHAT‹ rufen will?«

So sang er. Sie bemerkte: »Diese drei ›PHAT‹ sind wirklich großartig. Wie das Kriegshorn oder der Befehl eines Königs zeitigen sie schnelle und außergewöhnliche Resultate! Welche Erfahrungen hast du durch diese Praxis erlangt?« Als Antwort sang er dieses Lied:

»Ich erfuhr den Urgrund, der von niemandem geschaffen wurde,
als das große Allumfassende;
ich erfuhr den Weg, der von niemandem geschaffen wurde,
als große Transparenz;
ich erfuhr die Frucht, die von niemandem geschaffen wurde,
als Mahamudra.
Ich bin ein Yogi, der diese drei Erfahrungen kennt;
bist du eine Schülerin, die diese drei Erfahrungen hervorbringen möchte?«

So sang er. Sie entgegnete: »Diese Erfahrungen sind überaus wunderbar, sie sind wie die Sonne am wolkenlosen Himmel, die alle Dinge erhellt! Welche Gewissheit hast du durch diese Erfahrungen erlangt?« Als Antwort sang er dieses Lied:

»Ich erlangte Gewissheit über die Sicht,
in der es weder Götter noch Dämonen gibt;
Gewissheit über die Meditation,
in der es weder Konzentration auf ein Objekt noch Zerstreutheit gibt;
Gewissheit über die Frucht,

in der es weder Hoffnung noch Furcht gibt.
Ich bin ein Yogi mit diesen drei Gewissheiten,
bist du eine Schülerin, die sich diese drei Gewissheiten wünscht?«

So sang er. Daraufhin fasste das Mädchen tiefes Vertrauen zu ihm, verbeugte sich, setzte seine Füße auf ihr Haupt und bat ihn ehrerbietig hereinzukommen. Dann sprach sie: »Verehrter Lama, ich war bisher von Dunkelheit umnachtet, so dass ich nicht an das Dharma dachte. Jetzt möchte ich dir als Schülerin folgen, bitte habe Mitgefühl und lehre mich das Dharma.« So sah sie ihr Versäumnis ein und bat ihn mit einem Lied um Dharma-Belehrungen:

»Lieber kostbarer Lama,
vollendeter Ausstrahlungskörper!
Ich bin unverständig, unwissend und verwirrt
und deshalb in diese Welt verstrickt.
Die Wolken der drei Sommermonate waren so dicht,
dass ich nicht bemerkte, wie die Sonne aufging.
Die Kälte der drei Wintermonate war so schneidend,
dass ich nicht bemerkte, wie die Blumen aufblühten.
Weil meine üblen Angewohnheiten so zahlreich sind,
erkannte ich nicht, dass du ein Siddha bist.

Ich werde dir jetzt meine Lebensgeschichte erzählen:
wegen meines schlechten Karmas
habe ich einen schlechten Körper erhalten;
aufgrund meiner schlechten Geburt
ist mein Geist voller Schleier,
und so merke ich nicht, dass mir die Buddha-Natur innewohnt.
Weil ich keine Herzensstärke habe, denke ich nicht an das Dharma,
und nehme ich mir vor, es zu praktizieren, erliege ich der Faulheit.

Hat man ein hübsches Gesicht, gerät man in Abhängigkeit;

ist man hässlich, findet man keinen Mann.
Die gütigen Eltern lässt man zurück
und bringt sich an der Seite des Gatten um.

Man hat starke Gefühle und wenig Geduld,
klatscht viel und ist versiert im Schönreden.
Man ist über alles in Stadt und Land auf dem laufenden,
und in der Familie hat jemand anderes das Sagen.

Obwohl ich über genug Essen und Besitz verfüge,
habe ich die schlechte Eigenschaft, geizig zu sein.
Ich denke nicht an Vergänglichkeit und an den
bevorstehenden Tod.

Die geistigen Schleier folgen mir wie der Schatten dem Körper.
doch jetzt möchte ich von ganzem Herzen die Lehre Buddhas
praktizieren.
Bitte gib mir eine Praxis,
die leicht verständlich und einfach auszuführen ist.«

So bat sie den Djetsün. Erfreut antwortete er ihr mit diesem Lied:

»Liebe Schülerin Padarbum,
wenn ich deine Schilderung des Lebens der Frauen lobe,
wirst du selbstgefällig;
tadle ich sie, wirst du wütend.
Wenn ich sage, wie es wirklich ist, werden die Fehler
aufgedeckt.
Nun höre auf die Worte eines alten Mannes:

Wenn du ernsthaft das Dharma praktizieren möchtest,
halte dich nicht damit auf, dein Gesicht zu waschen;
es ist an der Zeit, den Geist zu reinigen.

Hör auf vorzuheucheln, dass du gut bist;
es ist an der Zeit, einen bescheidenen Rang einzunehmen.

Hör auf, die Magd von Mann und Kindern zu sein;
es ist an der Zeit, dich auf einen befähigten Lama zu verlassen.

Lass die Tätigkeiten, die nur für dieses Leben gut sind;
es ist an der Zeit,
etwas für das große Ziel in zukünftigen Leben zu tun.

Gib Geiz und Habgier auf;
es ist an der Zeit, nach allen Seiten Freigebigkeit zu üben.
Wenn du diese Punkte verstehst, bist du klug.

Mädchen, du gleichst einer Lerche;
doch wo eine gewandte Zunge ist, ist Buddhadharma selten.
Du Mädchen gleichst einem Pfauen im Walde,
doch Schönheiten interessieren sich selten fürs Buddhadharma.
Du Mädchen gleichst einem gerissenen Händler auf dem
Marktplatz,
doch Schwindler haben selten das Buddhadharma im Sinn.
Wenn du das Buddhadharma richtig praktizieren willst,
dann folge mir und meinem Beispiel,
lebe in den Bergen,
und praktiziere die Belehrungen ohne jede Ablenkung.«

Das Mädchen erwiderte in Form eines Liedes:

»Lieber kostbarer Djetsün,
von großer Bedeutung ist eine Begegnung mit dir, dem Yogi.
Tagsüber bin ich mit endlosen Arbeiten beschäftigt,
nachts falle ich in einen unbewussten Schlaf.
Von morgens bis abends bin ich die Magd von Essen und
Kleidung,
für die Dharma-Praxis bleibt mir keine Zeit.«

Der Djetsün entgegnete: »Verstehe, dass weltliche Arbeit ein Widersacher ist, den du hinter dir lassen musst, wenn du das wahre

Dharma praktizieren möchtest«, und er sang als Antwort das Lied über die vier Dinge, von denen man sich freimachen muss:

»Hör zu, liebe Schülerin Padarbum,
die du mit Reichtum und Vertrauen gesegnet bist!
Im nächsten Leben wird der Weg noch länger sein
als in diesem.
Hast du Proviant dafür vorbereitet?
Falls du noch keinen Proviant vorbereitet hast,
musst du jetzt freigebig sein.
Der Feind, der die Menschen daran hindert, wird Geiz genannt.
Man mag ihn für nützlich halten,
doch tatsächlich schadet er nur.
Weißt du, dass Geiz ein Feind ist?
Hast du es verstanden, dann mach dich frei davon.

Liebe Schülerin Padarbum,
im nächsten Leben wird die Dunkelheit noch schwärzer sein
als in diesem.
Hast du eine Fackel dafür vorbereitet?
Falls du noch keine Fackel vorbereitet hast,
musst du dich jetzt in der Erfahrung strahlender Klarheit üben.
Der Feind, der die Menschen wie tot schlafen lässt, wird
Stumpfsinn genannt.
Man mag ihn für nützlich halten,
doch tatsächlich schadet er nur.
Weißt du, dass Stumpfsinn ein Feind ist?
Hast du es verstanden, dann mach dich frei davon.

Liebe Schülerin Padarbum,
im nächsten Leben wird die Angst noch größer sein
als in diesem.
Hast du einen Geleitschutz dafür vorbereitet?
Falls du noch kein Geleit vorbereitet hast,
musst du jetzt die Lehre Buddhas praktizieren.
Der Feind, der die Menschen davon abhält,

wird Verwandtschaft genannt.
Man mag sie für nützlich halten,
doch tatsächlich schadet sie nur.
Weißt du, dass Verwandte deine Feinde sind?
Hast du es verstanden, dann mach dich frei von ihnen.

Liebe Schülerin Padarbum,
im nächsten Leben wird der Engpass noch länger sein
als in diesem.
Hast du ein Pferd dafür bereitgestellt?
Falls du noch kein Pferd bereitgestellt hast,
musst du jetzt freudig Anstrengungen auf dich nehmen.
Der Feind, der uns verführt, wird Faulheit genannt.
Man mag sie für nützlich halten,
doch tatsächlich schadet sie nur.
Weißt du, dass Faulheit ein Feind ist?
Hast du es verstanden, dann mach dich frei davon.«

So sang er. Sie entgegnete: »Verehrter Lama, ich habe noch gar nichts für's nächste Leben vorbereitet. Bitte gewähre mir Meditationsunterweisungen, damit ich diese Vorbereitungen treffen kann.«

Als sie ihn so inständig bat, freute sich der Djetsün sehr und meinte: »Bei mir brauchst du deinen Namen nicht ändern, wenn du ernsthaft das Dharma praktizieren willst. Auch mit langem Haar kannst du Buddha werden. Deshalb brauchst du weder die Haare schneiden noch die Kleidung wechseln.« Dann gab er ihr diese Meditationsbelehrungen über den Geist mit vier Beispielen und fünf Bedeutungen:

»Liebe Schülerin Padarbum,
reiches Mädchen mit Vertrauen zum Dharma,
nimm den Himmel als Beispiel;
und lass deine Meditation ohne Begrenzung und Mitte sein.

Nimm Sonne und Mond als Beispiel;
und lass deine Meditation nicht schwanken zwischen hell und

dunkel.[49]

Nimm diesen Berg als Beispiel;
und meditiere über das, was sich nicht bewegt.

Nimm den See als Beispiel;
und meditiere darüber, dass das Wasser oben und unten
gleich ist.

Meditiere ohne jeden Zweifel
über die wahre Natur des Geistes.«

So sang er. Er erklärte ihr die wesentlichen Punkte der Körperhaltung und der Meditation; dann ließ er sie praktizieren. Nachdem das Mädchen gute Erfahrungen und Erkenntnisse hervorgebracht hatte, sang sie dieses Lied, um ihre Zweifel und Hindernisse zu beseitigen:

»Lieber, kostbarer Djetsün,
vollendeter Ausstrahlungskörper!

Über den Himmel meditieren ist einfach für mich;
doch weniger einfach ist es, über die Wolken zu meditieren.
Bitte, gib mir Unterweisungen, wie ich über Wolken meditieren
kann.

Über Sonne und Mond meditieren finde ich einfach;
doch nicht ganz so einfach ist es, über die Sterne zu meditieren.
Bitte, gib mir Unterweisungen, wie ich über die Sterne
meditieren kann.

Über den Berg meditieren finde ich einfach;
doch weniger einfach ist es, über Gras und Bäume zu
meditieren.

49 Die Strahlkraft von Sonne und Mond ist immer gleich, auch wenn sie in unserer Wahrnehmung auf- und untergehen.

Bitte, gib mir Unterweisungen, wie ich über Gras und Bäume
meditieren kann.

Über den See meditieren finde ich einfach;
doch weniger einfach ist es, über die Wellen zu meditieren.
Bitte, gib mir Unterweisungen, wie ich über die Wellen
meditieren kann.

Über den Geist selbst meditieren ist einfach;
doch weniger einfach ist es, über Gedanken zu meditieren.
Bitte, gib mir Unterweisungen, wie ich über Gedanken
meditieren kann.«

Hocherfreut dachte der Djetsün: »Sie hat wirklich meditiert.« Als Antwort sang er dieses Lied, in dem er ihr erklärte, wie man Hindernisse beseitigt und die Praxis vertieft:

»Liebe Schülerin Padarbum,
hör zu, reiches und hingebungsvolles Mädchen.
Über den Himmel zu meditieren, findest du einfach;
doch Wolken sind nichts weiter als ein Zauberspiel im Himmel.
Verweile daher in der Natur des Himmels selbst.

Über Sonne und Mond zu meditieren, findest du einfach;
doch Sterne sind nur ein Zauberspiel wie Sonne und Mond.
Verweile daher in der Natur von Sonne und Mond selbst.

Über den Berg zu meditieren, findest du einfach;
doch Gras und Bäume sind nur eine magische Erscheinung auf
dem Berg.
Verweile daher in der Natur des Berges selbst.

Über den See zu meditieren, findest du einfach;
doch Wellen sind nur das Zauberspiel des Sees.
Verweile daher in der Natur des Sees selbst.

Über den Geist zu meditieren, findest du einfach;
doch Gedanken sind nur ein Zauberspiel des Geistes.
Verweile daher in der Natur des Geistes selbst.«

So sang er. Das Mädchen übte seinen Anweisungen entsprechend und erlangte Klarheit über die letztendliche, unveränderliche Natur des Geistes. Nach ihrem Tod löste sich ihr grobstofflicher Körper in Regenbogenlicht auf, Musik erklang, und sie ging in die reinen Sambhogakaya-Gefilde ein.

Dies war die Geschichte vom Treffen mit der Dharma-Praktizierenden Padarbum in Gäpa Lesum in Tschung. Sie war eine der vier großen Schülerinnen des Djetsün.

Das Treffen mit Seban Repa in der Herberge des Gara Katsche

NAMO GURU. Nachdem der Djetsün Milarepa im nördlichen Tago-Gebirge meditiert hatte, ging er weiter zum Berg Schri. Als er sich auf dem Weg dorthin in einem Gasthaus in Yäru-dschang aufhielt, traf dort auch Gesche Yagru Thangpa mit einer großen Anhängerschaft von Mönchen ein. Außerdem lebte in der Herberge noch Dawa Norbu, der Anführer einer Handelskarawane mit vielen Yaks. Der Djetsün Milarepa wollte vom Händler Dawa Norbu und seinen Leuten Essen erbetteln. Da hielt ihm der Händler vor: »Statt den Besitz von anderen zu erbetteln, solltet ihr Yogis euch selber Besitz zulegen und davon leben, dann wäret ihr besser dran!« Der Djetsün erwiderte sogleich: »Jetzt, in diesem Leben, mögt ihr zufrieden sein, doch ihr bedenkt nicht, dass ihr als Frucht eurer jetzigen Handlungen im nächsten Leben unglücklich sein werdet. Hört euch deshalb mein Lied an«, und er sang dieses Lied der acht Überlegungen:

»Jetzt baut ihr gern Bergfestungen und ein Heim am Fuße der Berge;
doch denkt daran, dass ihr euren Platz räumen müsst,
wenn ihr sterbt.

Jetzt zieht ihr gern mächtige Heere zusammen;
doch denkt daran, dass ihr schutzlos und ohne Zuflucht gehen müsst,
wenn ihr sterbt.

Jetzt habt ihr gern viele Vettern und Verwandte;
doch denkt daran, dass ihr von allen Verwandten getrennt werdet,
wenn ihr sterbt.

Jetzt habt ihr gern viele Diener und Kinder
und liebt es, Besitz anzuhäufen;
doch denkt daran, dass ihr ohne Besitz, nackt
und mit leeren Händen gehen müsst,
wenn ihr sterbt.

Jetzt beweist ihr gern Stärke und Tapferkeit;
doch denkt daran, dass euer Körper dreifach
zusammengelegt wird,[50]
wenn ihr sterbt.

Jetzt habt ihr gern klare Sinne und einen gesunden Körper;
doch denkt daran, dass euer Geist machtlos sein wird,
wenn ihr sterbt.

Jetzt hortet ihr gern wohlschmeckende Speisen;
doch denkt daran, dass außer Wasser nichts mehr hinuntergeht,
wenn ihr sterbt.

Ich habe mir all dies gut überlegt
und praktiziere deshalb die Lehre Buddhas.
Ich bin glücklich, denn ich habe keinen weltlichen Besitz.

Dieses Lied der acht Überlegungen
habe ich, der Yogi Milarepa,
in der Herberge des Gara Katsche zu Tsang gesungen.
Merkt es euch gut, es soll euch zu tugendhaftem Handeln
ermahnen.«

So sang er. Der Händler Dawa Norbu fasste tiefes Vertrauen zum Djetsün und ersuchte ihn: »Verehrter Lama, deine Worte sind mir sehr zu Herzen gegangen. Auch ich möchte mich aufs Dharma besinnen. Bitte gib mir eine Unterweisung, wie ich es praktizieren soll.« Der Djetsün antwortete mit diesem Lied:

50 Zum Verbrennen des Leichnams.

»An einem Ort voller Vorzüge, in der machtvollen Bergwildnis,
bete mit Vertrauen und Hingabe
zu einem kostbaren Lama,
der die richtige Sicht- und Handlungsweise beherrscht.

Die folgenden Punkte gelten für alle, die fehlerlos praktizieren wollen:
ist der Geist wild, wende blitzartig und unbeirrbar
die Mahamudra-Sichtweise an;
und alle Vorstellungen im Geist befreien sich von selbst,
wie wunderbar!

Ist der Geist unglücklich, praktiziere
den gleichen Geschmack aller Erfahrungen;
und die mannigfaltigen Erscheinungen befreien sich von selbst,
wie wunderbar!

Fühlst du dich unwohl, berate dich mit jemandem, der Erfahrung hat;
bei einem erfahrenen Freund Rat suchen ist hilfreich.

Mangelt es dir an Vertrauen, lies die Belehrungen des Buddha;
durch die wahren Worte des Buddha entsteht Gewissheit.

Bist du traurig, bete zum spirituellen Meister;
der Segen des Vater-Lamas wird dir helfen.

Schau dir einen Menschen an, der kein Vertrauen hat:
sein Körper liegt im Bett von Samsara,
sein Kopf ruht auf dem Kissen der fünf Gifte,
und er verbreitet die Jauche der gestörten Gefühle in allen zehn Richtungen.

Suche einen Arzt, der dich von dieser Krankheit heilen kann,
und gib ihm die Hingabe der Drei Tore als Honorar.

Der Arzt in Gestalt eines Lamas bereitet aus den sechs guten Substanzen
die vortreffliche Medizin der Aufklärung über die drei Buddha-Körper;
sie wird dich mit Sicherheit von der Krankheit der fünf Gifte heilen.
Danke ihm, indem du seine Belehrungen praktizierst.«

So sang er. In Dawa Norbu erwachte tiefes Vertrauen, und er führte alles so aus, wie der Djetsün es ihm auftrug. Später wurde er ein guter Yogi, der als Haushälter lebte.

Während der Djetsün im Stil eines Kusulu-Yogi[51] lebte, gab Gesche Yagru Thangpa Dharma-Belehrungen. Nachts rezitierten seine Mönche die Dharma-Texte als Leseübung. Dann hockten sie im Dunkeln in der Meditationshaltung. Im Morgengrauen lasen sie wieder Dharma-Texte zur Übung. In der heißen Mittagszeit ging der Djetsün zu ihnen hin, um Essen zu erbetteln. Die Mönche spotteten: »Armer Kerl, siehst aus wie ein Yogi, aber kannst das Dharma weder ausüben noch studieren, kannst weder meditieren noch ein Mantra rezitieren und kommst dann auch noch, um der Sangha ihren Besitz abzubetteln!«

Der Djetsün gab zurück: »Gottheiten visualisieren, Mantras rezitieren, Dharma-Tätigkeiten und tiefe Meditation sind in meiner Praxis alle spontan vervollkommnet, und deshalb geht es mir gut«, und er sang dieses Lied:

»Die Drei Juwelen sind die vollendete Grundlage;
in der Natur des natürlichen Gewahrseins verweilend,
brauche ich nicht zu ihnen beten.
Glücklich ist ein Yogi,
der nichts rezitieren braucht!

51 Ein Kusulu-Yogi ist jemand, der sich auf die absolut lebensnotwendigen Tätigkeiten beschränkt, d. h. auf Essen, Schlafen und Ausscheiden.

Die Yidam-Gottheit gewährt die beiden Siddhis;
in der Erfahrung strahlender Klarheit,
die nicht als Gottheit erschaffen werden muss,
brauche ich nichts visualisieren.
Glücklich ist ein Yogi,
der seinen eigenen Körper als Gottheit erfährt!

Die Dakinis beseitigen ungünstige Umstände und Hindernisse;
in der ursprünglichen Wirklichkeit verweilend,
brauche ich ihnen keine Tormas opfern.
Glücklich ist ein Yogi,
der bei allen sechs Wahrnehmungen entspannt bleibt.[52]

Der hinderlichste Dämon ist das Haften an Gedanken;
in der Natur der absoluten Wirklichkeit verweilend,
gibt es keine dämonischen Erscheinungen,
und ich brauche sie nicht mit Mantras bekämpfen.
Glücklich ist ein Yogi,
der Gedanken als Dharmakaya erfährt.

Schriften und Logik sind nur abstrakte Begriffe.
in der Erfahrung der Lichtheit verweilend,
brauche ich nichts studieren.
Glücklich ist ein Yogi,
für den alle Erscheinungen ein Lehrbuch sind.«

So sang er. Der Gesche Yakruwa bemerkte: »Yogi, deine Erfahrungen sind großartig. Trotzdem ist es besser, dem buddhistischen System zu folgen, indem man zuerst studiert, gelbe Roben trägt und sich in jeder Hinsicht gut verhält.«

Der Djetsün erwiderte: »Das ist eure Dharma-Tradition, macht ihr es so! In meiner, Milarepas Dharma-Tradition genügt es, sich seiner selbst nicht schämen zu müssen. Aus meiner Sicht ist eure

52 Entspannt bleiben bedeutet, weder nach den Objekten der Wahrnehmung zu greifen noch sie zu blockieren.

Dharma-Tradition wie folgt; sieh, ob es stimmt!« Und er sang dieses Lied:

»Ich nehme Zuflucht zu den Drei Juwelen
und bete, dass der Lama mich mit seinem Mitgefühl
beschützen möge.

Ihr Gesches seid Experten in den acht weltlichen Interessen!
Wie wollt ihr die wilden Lebewesen draußen bändigen,
wenn ihr den eigenen Geist im Inneren nicht gebändigt habt?

Euer weißer Schirm, innen mit Pfauenfedern geschmückt,[53]
ist so vergänglich wie Blitze am Himmel.
Überleg mal, Gesche, ob es so ist!

Die Teeküche des Klosters über dem Dorfe
ist wie ein Magnet, der Betrug und Unheil anzieht.
Überleg mal, Gesche, ob es so ist!

Im geschäftigen Trubel der Menschen
fühlt man sich, als sei man von böswilligen Feinden umzingelt.
Überleg mal, Gesche, ob es so ist!

Pferde, Rinder und Schafe züchten ist so vergänglich
wie Tau auf Gras im Wind.
Überleg mal, Gesche, ob es so ist!

Dieser illusorische Körper voller Geistesgifte
ist wie eine Leiche, die mit flüssigem Gold bestrichen ist.
Überleg mal, Gesche, ob es so ist!

Wenn ein Oberhaupt weiblicher Schüler
seine Stellung missbraucht,
ist das wie Gutes, das sich in Schlechtes verwandelt hat.

53 Statussymbol einer wichtigen Persönlichkeit.

Überleg mal, Gesche, ob es so ist!

Ein Ganachakra, das man nur um des Essens willen opfert,
ist wie ein Fest von Steuereintreibern.
Überleg mal, Gesche, ob es so ist!

Wenn man Dorfrituale
wie Wahrsagerei, Bön-Rituale und Astrologie ausführt,
um andere zu betrügen,
muss man um seine Kundschaft bangen.
Überleg mal, Gesche, ob es so ist!

Schülern mit kleinen Liedern den Kopf zu verdrehen
ist wie das einschmeichelnde Miauen von Katzen.
Überleg mal, Gesche, ob es so ist!

Ein Besitzer von Feld und Haus auf Heimatboden
gleicht einem Kind, das einen Regenbogen bewundert.
Überleg mal, Gesche, ob es so ist!

Schüler, die sich um einen Schwindler sammeln,
sind wie Diener vieler Herren.[54]
überleg mal, Gesche, ob es so ist!

Wer das Dharma erklärt, aber seinen Sinn nicht begreift,
ist wie ein Lügner, der Leute zum Narren hält.
Überleg mal, Gesche, ob es so ist!

Wer die Arbeit an sich selbst nicht vollendet hat,
wird schwerlich anderen nutzen können.«

So sang er. Gesche Yagru Thangpa empfand große Hochachtung für den Djetsün, erhob sich von seinem Sitz, verbeugte sich und sagte

54 Sie wissen nicht, wem sie gehorchen sollen und was sie tun sollen.

mit Tränen in den Augen: »Du sprichst die Wahrheit, ich bitte um eine Dharma-Verbindung mit dir.«[55]

Unter seiner Gefolgschaft befand sich ein Mönch namens Seban Töntschung, der von da an dem Djetsün folgte. Nachdem er Ermächtigungen und Unterweisungen erhalten hatte, vollendete er seine meditativen Erfahrungen und Erkenntnisse und wurde der Herzensschüler Dodra Seban Repa.

Dies war die Geschichte vom Treffen mit Seban Repa in der Herberge des Gara Katsche in Tsang Yäru-dschang.

55 Eine Verbindung, die dadurch entsteht, dass jemand den Dharma-Erklärungen eines Lehrers zuhört. (Bö)

Das Treffen mit Drigom Repa am Berg Schri

NAMO GURU. Als der Djetsün Milarepa am Berg Schri im oberen Gyal meditierte, kam eines Tages ein Räuberhauptmann mit einigen Kumpanen. Als sie sahen, wie der Djetsün ohne jegliche Habe und ohne geeignete Bedingungen[56] das Buddhadharma praktizierte, fassten sie Vertrauen zu ihm: »Verehrter Lama, warum lebst du an einem solchen Ort, wo das Wasser schlecht ist und günstige Bedingungen so rar sind? Komm doch in unsere Heimat, wir würden dich versorgen.«

Der Djetsün erwiderte: »Mag sein, dass hier die Lebensumstände schwierig sind und das Wasser schlecht ist; doch genau das brauche ich zur Vertiefung meiner Meditation. Mag sein, dass es bei euch günstigere Voraussetzungen gäbe, aber ich gehe nicht weg von hier. Ihr könnt jedoch gerne zum Berg Schri kommen und hier praktizieren, wenn ihr das nötige gute Karma habt.« Und er sang dieses Lied:

»Der Berg Schri in Gyal ist ein wunderbarer Ort;
wenn man ihn besuchen will, ist es eine weite Reise,
doch für den spirituellen Weg ist es eine Abkürzung.
Hättet ihr gutes Karma und Hingabe,
würdet ihr zum Berg Schri in Gyal kommen.
Jemand, der weltliche Beschäftigungen aufgegeben hat,
käme zum Berg Schri in Gyal.

Der Berg Schri in Gyal ist ein wunderbarer Ort;
das Wasser ist weit weg,
doch meditative Erfahrungen und Erkenntnisse sind nahe.

56 Als geeignete Bedingung für spirituelle Praxis wird das Vorhandensein von Essen und Bekleidung, Wasser und Holz betrachtet.

Hättet ihr gutes Karma und Hingabe,
würdet ihr zum Berg Schri in Gyal kommen.
Jemand, der weltliche Beschäftigungen aufgegeben hat,
käme zum Berg Schri in Gyal.

Der Berg Schri in Gyal ist ein wunderbarer Ort;
Wasser und Brennholz sind rar,
doch die Dakinis versammeln sich häufig.
Hättet ihr gutes Karma und Hingabe,
würdet ihr zum Berg Schri in Gyal kommen.
Jemand, der weltliche Beschäftigungen aufgegeben hat,
käme zum Berg Schri in Gyal.

Der Berg Schri in Gyal ist ein wunderbarer Ort;
hier lebt die segensreiche Yidam-Gottheit Chakrasamvara.
Sie ist eine Yidam-Gottheit, die Siddhis gewährt.
Hättet ihr gutes Karma und Hingabe,
würdet ihr zum Berg Schri in Gyal kommen.
Jemand, der weltliche Beschäftigungen aufgegeben hat,
käme zum Berg Schri in Gyal.

Der Berg Schri in Gyal ist ein wunderbarer Ort;
hier weilt der herrliche Dharma-Schützer Mahakala mit
Gefährtin.
Er ist ein Dharma-Schützer, der Hindernisse beseitigt.
Hättet ihr gutes Karma und Hingabe,
würdet ihr zum Berg Schri in Gyal kommen.
Jemand, der weltliche Beschäftigungen aufgegeben hat,
käme zum Berg Schri in Gyal.«

So sang er. Der Räuberhauptmann fasste tiefes Vertrauen zum Djetsün, verbeugte sich und setzte dessen Füße auf seinen Kopf. »Ich komme bald zurück, um dich wiederzusehen«, sagte er und ging.

Als er später zurückkehrte, hatte er einen großen Türkis sowie ein anderes Geschenk bei sich, zögerte aber noch, den Edelstein herzugeben. Er gab dem Djetsün erst einmal das kleinere Geschenk. Milarepa sagte daraufhin mit einem Lächeln: »Gib mir den Türkis, den du mir gewidmet hattest; du brauchst nicht zu zögern. Ich benötige den Türkis nicht, es ist nur, damit du Verdienst ansammelst.«

Der Räuber dachte: »Er weiß wirklich alles, nichts bleibt ihm verborgen« und gab ihm den Türkis.

Der Djetsün nahm den Türkis für eine Weile an sich und gab ihn dann mit den Worten zurück: »Tausche ihn gegen Vorräte für deine Praxis ein.«

Der Räuber dachte: »Er hat keinerlei Verlangen nach Besitz«, und er fasste unerschütterliches Vertrauen zum Yogi. Von nun an folgte er dem Djetsün, erhielt Ermächtigungen und Unterweisungen und praktizierte sie. Dadurch vollendete er seine meditativen Erfahrungen und Erkenntnisse. Er wurde einer der Herzensschüler des Djetsün, Drigom Lingkhawa genannt.

Dies war die Geschichte vom Treffen mit Drigom Repa am Berg Schri in Gyal.

An der Silberquelle mit Repa Schiwa Ö

NAMO GURU. Djetsün Milarepa, der machtvolle Yogi, meditierte den Sommer über an der Südseite des Berges Schri. Zur Erntezeit im Herbst brach er von dort auf, um Nahrungsmittel zu erbetteln.

Als er sich im oberen Kogthang aufhielt, erschien ihm eines Tages im Traum eine blassblaue Frau mit gelbglitzernden Augenbrauen und Barthaaren, die einen etwa zwanzigjährigen Jüngling bei sich führte. Sie sagte: »Milarepa, von deinen acht Herzteilen gehört eines diesem Jungen, gib es ihm« und entschwand.

Als der Djetsün erwachte, sagte er sich: »Diese Frau war eine Dakini. Ich werde acht herzgleiche vollendete Schüler haben, die mir karmisch bestimmt sind, und heute wird mir jemand begegnen, dessen Karma reif ist und dem ich unbedingt helfen muss.«

Mit diesem Gedanken stieg er von Bong-tschö aus aufwärts und legte sich in der Nähe der Silberquelle zu einem kurzen Schläfchen nieder. Es wird erzählt, dass dann ein Jüngling auf einem Rappen angeritten kam und fragte: »Yogi, warum schläfst du hier?«

Der Djetsün erwiderte: »Wohltäter, wohin gehst du?«

»Ich überquere den Fluss dort drüben und gehe nach Dingri Kogna.«

»Das ist gut; der alte Yogi kann das Wasser nicht passieren, deshalb muss er auf dem Pferd des Herren mitreiten«, entgegnete der Djetsün.

»Ich hab's eilig; ich gehe zu einem Volksfest im Osten. Wenn du mitreitest, könnte mein Pferd Schaden nehmen«, sagte der Jüngling und ritt weiter, denn er wollte sich nicht mit dem Djetsün einlassen.

Der Djetsün soll daraufhin mit Hingabe über den Lama meditiert und den Atem angehalten haben und einfach über den Fluss an das andere Ufer gegangen sein, ohne ins Wasser zu sinken. Als er einen Blick zurückwarf, watete der Jüngling immer noch wellenschlagend mitten im Fluss, obwohl er vor ihm aufgebrochen war.

Der Jüngling sah den Djetsün zwar an sich vorbeigehen, ohne im Wasser zu versinken, traute aber seinen Augen nicht. »Täuschen mich meine Sinne, oder ist er wirklich nicht ins Wasser gesunken?« dachte er.

Am anderen Ufer angekommen, näherte er sich dem Lama, der dort auf ihn wartete, und schaute sich dessen Füße an. Nur seine Fußsohlen waren etwas nass. Da erwachte tiefes Vertrauen in ihm.

»Ich wusste ja nicht, dass du ein Siddha bist. Bitte, verzeihe mir, dass ich dich vorhin nicht auf dem Pferd mitreiten ließ«, sagte er und sprang erst jetzt vom Pferd, machte viele Verbeugungen vor dem Djetsün und setzte dessen Füße auf seinen Kopf. Voller Hingabe fragte er den Djetsün: »Lama, wo ist deine Heimat? Was hast du studiert? Wie heißt dein Lama? Wo ist deine Einsiedelei? Was praktizierst du? Woher bist du heute früh gekommen, und wohin gehst du heute Abend?« So wollte er in allen Einzelheiten die Geschichte des Djetsün wissen. Als Antwort sang der Djetsün dieses Lied:

»Nun gut, schöner Jüngling,
wenn du es genau wissen möchtest, dann hör gut zu!
Weißt du nicht, wer ich bin?
falls du mich nicht kennst:
Ich bin Milarepa.
Meine Nabelschnur wurde im unteren Gungthang
  durchschnitten,
und ich studierte in Zentraltibet.
Angefangen mit Vater Gyetön Ngomi
bis hin zu Rongtön Lhaga,
war ich bei zehn gütigen Lamas,
von denen ich die alten Tantras erhielt.
Alle hatten ein hohes Verständnis der Sichtweise,
insbesondere Lhaje Nubtschung,
der mir die machtvollen Mantras des Schützers Rahula
mit dem dunkelroten Gesicht gab.
Doch obwohl er in der Ausführung von Aktivitätsritualen
  versiert war,

konnte ich dort meine falschen Auffassungen einfach nicht beseitigen.

Da drang aus der Ferne der Ruhm des Übersetzer-Vaters zu mir:
es hieß, an einem Ort namens Chü Khyer im Süden
lebe jemand, der von den Meistern Naropa und Maitripa gesegnet sei,
der aufgrund seiner Praxis mit den Energiebahnen
und dem Energiefluss im Körper
die absolute Natur des Geistes, die Mutter von allem, erkannt habe.
Schon als ich seinen Namen hörte, stellten sich mir die Körperhaare auf.

Dann unternahm ich die beschwerliche Reise zu ihm.
Gleich beim ersten Anblick seines Gesichts
verwandelte sich meine Wahrnehmung.
Ich war sicher, dass er schon viele Leben hindurch mein Lama gewesen war,
mein unvergleichlicher Meister Lhodragpa!

Ich hatte weder Hab noch Gut,
das ich dem gütigen Meister hätte opfern können.
So zerrieb ich mich zu Staub,
um ihm mit Körper und Rede zu dienen.

Ich studierte das tiefgründige Hevajra-Tantra
und erhielt Naropas Belehrungen
über den Weg der außergewöhnlichen Methoden.
Auch die zur spirituellen Reife führenden vier Ermächtigungen
des segensreichen Chakrasamvara wurden mir gewährt.
Durch die Aufklärung über Mahamudra
sah ich die wahre Natur des Geistes, die unveränderliche Wirklichkeit,
und verstand, dass der Urgrund der absoluten Natur

frei von Begriffen ist.

Ich sammelte alle wichtigen Unterweisungen
und destillierte die Quintessenz
aller tiefgründigen Schlüsselpunkte heraus.
Ich meditierte über Energiebahnen, Energiefluss und Vitalkraft
und erlangte vollständige Kontrolle über die Energien und den Geist.
Deshalb bin ich ein raumgleicher Yogi,[57]
der die vier inneren Elemente unter Kontrolle hat
und ohne Furcht vor dem äußeren Wasserelement ist.
Mit meiner Wundertat wollte ich dich nur auf die Probe stellen.

Meine Einsiedelei ist am Berg Schri von Gyal.
heute früh kam ich vom oberen Kogthang;
wohin ich heute Abend gehe, weiß ich nicht.
Dies ist die Geschichte von mir, dem Yogi.
Sei glücklich, Jüngling, und gehe, wohin es dir beliebt.«

So sang der Djetsün. Daraufhin nahm die Hingabe des Jünglings noch zu, und er vergoss viele Tränen. Er gab dem Djetsün die Zügel seines Rappen in die Hand und sang:

»Einen Siddha wie dich habe ich noch nie zuvor gesehen.
du bist ein großes, ein übermenschliches Wesen,
ein Buddha, wie man ihn selten trifft,
ein Ausstrahlungskörper, dessen Worte man selten zu hören bekommt.

Habe ich deinen Namen schon einmal gehört, oder nicht?
Kenne ich dich schon, oder nicht?
Habe ich mich schon verbeugt, oder nicht?
Habe ich mich schon nach deinem Befinden erkundigt, oder nicht?

57 D. h. ein Yogi, der alle Dinge in ihrer himmelsgleichen Offenheit-Leerheit versteht.

Sollten meine Fragen dich ermüden,
habe bitte Nachsicht mit mir!

Dieses Pferd, schnell wie der Wind,
trägt herrliche Schellen um seinen Hals.
Auf seiner buntgemusterten Satteldecke
liegt ein Sattel aus edlem Holz
und ein warmer, weicher Fellsitz.

Die Sattelgurte sind mit Eisenschnallen befestigt;
die Riemen vorne und hinten sind aus geflochtenem Leder;
das Zaumzeug ist vielfarbig bestickt;
die oberste Satteldecke lächelt mit hübschen Mustern;
auf der mittleren Satteldecke leuchten Silberspiegel wie Sterne.

Mit dem Zügel wird es vom Reiter gelenkt;
mit der weißen Peitsche wird es angespornt.
Wenn es an Pferderennen teilnimmt,
kannst du bei der Wette darauf setzen.
Es ist ein Pferd, das stets gewinnt.

Dieses Pferd, Zeichen der Größe eines weltlichen Mannes,
schenke ich dem Vater-Djetsün als Reittier.
Bitte, bewahre mich vor der Hölle, in die ich sonst fallen würde.«

So sprach er und schenkte dem Djetsün das Pferd, doch dieser nahm es nicht an. »Ich besitze ein besseres Pferd als deines«, erklärte der Meister und antwortete mit diesem Lied:

»Junger Mann, hör mir gut zu!
Mein Pferd ist Bewusstseins-Energie;
es trägt die herrliche Seide der meditativen Versenkung.
Auf der Satteldecke der Nach-Meditation,
wo alles illusionsgleich erscheint,
liegt der Sattel des klaren Selbstgewahrseins.

Dreifache tiefe Meditation ist sein Sattelgurt,
die Unterweisungen über die beiden Tore von Tummo sind
seine Riemen.
Auf dem Zaumzeug der Tummo-Praxis
sind die farbigen Muster der drei Energiebahnen.
Seine Silberspiegel sind das Glätten der inneren
Gedankenwogen.
Yogische Übungen sind seine Zügel,
mit der Peitsche der immerfließenden Erfahrungen wird es
angespornt,
und es galoppiert über die Ebene des Zentralkanals.
Das ist mein yogisches Reitpferd.
Wer auf ihm reitet, entrinnt dem samsarischen Sumpf.
Folge ihm, und du erreichst das rettende Land der Erleuchtung.

Deinen Rappen brauche ich nicht,
geh deines Weges, junger Mann, und vergnüge dich!«

So sang der Djetsün. »Er will das Pferd nicht annehmen, doch er läuft barfuß und kann bestimmt meine Stiefel gebrauchen«, dachte der Jüngling, zog seine verzierten chinesischen Stiefel aus und sang dieses Lied:

»Meister Siddha, kostbarer Yogi,
du hängst nicht an der Heimat
und wanderst ziellos durch die Lande.
Wütende Hunde mit scharfen Zähnen
und enge Schluchten voller Dornen verletzen deine Füße.
Barfuß gehen ist beschwerlich.
Diese blauen chinesischen Stiefel sind treue Knechte.
Vorne sind sie mit teurem Seidengarn schön bestickt
und mit Ziernägeln aus Messing beschlagen.
Das Oberleder vom Schneehirsch
und das Unterleder vom wilden Yak
wurden von einem geschickten Schuster zusammengenäht.

In die Schuhbänder aus bunten Fäden
sind Tiermuster eingewebt.
Dieses Schmuckstück eines Jünglings
schenke ich dem Djetsün.
Bitte, habe Erbarmen mit mir!«

So flehte er; der Djetsün aber nahm sie nicht an. »Ich habe bessere Stiefel als deine«, sagte er und antwortete dem Jüngling mit diesem Lied:

»Mit Vertrauen gesegneter Knabe, hör mir zu!
Im Vaterland der drei samsarischen Reiche
herrscht das Dunkel der Unwissenheit.
Die Wiese der Leidenschaft ist voller Morast
und der Sumpf der Eifersucht voller Dornen.
Der wilde Köter der Aggression kläfft und beißt,
und die Felswand des Stolzes ist hoch und steil.

Ich habe die vier Flüsse von Geburt, Alter, Krankheit und Tod überquert
und bin zur Ebene des großen Glücks entkommen.
Aus dem illusorischen Oberleder der Vergänglichkeit
und dem Unterleder der Abkehr vom Samsara
habe ich meine Stiefel mit Vertrauen
ins karmische Gesetz von Ursache und Wirkung hergestellt.

Die Schuhbänder der verschiedenen Sinnesobjekte
habe ich mit den Seidenfäden des Nichthaftens an Erscheinungen bestickt
und mit den Messing-Ziernägeln der Praxis beschlagen.
Sie werden von den Schnallen der drei Kernpunkte[58] gehalten.
Das sind meine Yogi-Stiefel.
Deine verzierten Schuhe will ich nicht,

58 Durch die Praxis mit Energiebahnen, Energiefluss und Vitalkraft erlangt man Kontrolle über Körper, Rede und Geist.

Haushälter, geh wieder nach Hause.«

So sang er und nahm sie nicht an. Der Jüngling fuhr fort: »Verehrter Djetsün, wenn du schon die Stiefel nicht annehmen willst, dann nimm wenigstens diese rotgrüne Jacke, denn du hast ja nur eine einzige Baumwollrobe und musst frieren«, und er trug seine Bitte als Lied vor:

»Meister Siddha, kostbarer Lama!
Du hängst nicht an Orten
und wanderst ziellos umher.
Manchmal steigst du auf die Berggipfel,
dann wieder schläfst du in den Dorfgassen.
Nur eine einzige Baumwollrobe tragen ist dasselbe,
wie ohne Kleidung sein,
und mit nacktem Körper friert man.

Die rotgrüne Baumwolljacke, die ich junger Mann am Körper trage,
hat ein geübter Schneider zugeschnitten.
Sie ist mit flauschiger Baumwolle wattiert
und mit maßgeschneiderter Seide gefüttert.
Oben der Kragen ist aus dem Pelz eines Luchses,
der Unterrand ist mit Otterfell besetzt,
und die Schulteraufsätze sind aus Mandschurei-Seide.
Es ist ein leichtes und prächtiges Gewand
und fürchtet nicht die kalten Winde.
Was eigentlich ein Kleidungsstück für Minister ist,
schenke ich jetzt dem Vater Djetsün.
Bitte, gewähre mir deinen Segen!«

So bat er, doch der Djetsün nahm es nicht an. »Ich habe eine bessere Jacke als deine«, bemerkte er und sang dieses Lied als Antwort:

»Mein redegewandter Junge, hör zu!
In den Ortschaften der sechs samsarischen Daseinsformen

werden wir vom Wind schlechten Karmas mitgerissen.
Unser Bewusstsein geht machtlos im Kreise herum,
wandert umher im Bardo-Zustand dieses Lebens,
besteigt den Gipfel des Traum-Bardos
und schläft in der Gasse des Bardos vor der Wiedergeburt.
Jetzt sollten wir nach dem ewigen Land
der unveränderlichen Wirklichkeit streben.

Meine Baumwollwattierung der reinen Geisteshaltung
wird von der Seide der tantrischen Gelübde bedeckt;
der Schneider der Achtsamkeit hat es genäht.
Meine Jacke hat die drei Raum-Yogas als Futter
und die drei Vermischungen[59] als Kragen.
Indem ich zur Sterbestunde die Schulteraufsätze der strahlenden Klarheit
mit dem reinen illusorischen Körper verbinde,
werden sie mit dem Erkennen des Bardos gesäumt.
Das ist meine Yogi-Jacke.
Deine rotgrüne will ich nicht.
Sei glücklich junger Haushälter, und geh, wohin es dir beliebt.«

So sang er. »Verehrter Djetsün, wenn du auch die Jacke nicht nehmen willst, dann nimm bitte wenigstens dieses Obergewand aus Zickleinhaut, denn deine Bekleidung ist wirklich zu dünn!« bat der Jüngling:

»Kostbares höchstes Wesen,
in den drei Sommermonaten, wenn der König der Wärme scheint
und der liebliche Ruf des Kuckucks ertönt,
friert man kein bisschen, selbst wenn man nackt ist.
Doch in den drei Wintermonaten, wenn der Atem der Erde abgeschnitten ist,
sticht der eisige Wind der Neujahrszeit wie Pfeile.

59 Vollendungsphase von Mahamaya, einer tantrischen Yidam-Gottheit.

Baumwollkleider wärmen dann noch weniger als Seide,
und der Vater Djetsün kommt in Not und friert.

Dieses rotgrüne Obergewand
ist aus gesprenkelter Zickleinhaut,
die Ränder sind in purpurne Mandschurei-Seide eingefasst.
Auf dem Brustbesatz aus Seidenbrokat
sind die Nähte mit Blenden aus schöner fünffarbiger Seide verdeckt,
und der Kragen ist farbig gestreift.
Dieses Gewand, das ich junger Mann trage,
schenke ich dem Repa, so dass er sich damit kleiden kann.
Bitte, habe Erbarmen mit mir!«

So flehte er, doch der Djetsün nahm es nicht an. »Ich habe ein besseres Gewand als deines«, erklärte der Djetsün und sang dieses Lied als Antwort:

»Du bist ein netter Mensch, doch hör mir zu!
Verleitet von Unbewusstheit und Täuschung,
sah ich nicht, wie ich in einen furchtbaren Abgrund fiel.
Die heißen und kalten Stürme der gestörten Gefühle
waren so gewaltig,
und die Früchte schlechter Handlungen
fielen wie Regen auf mich herab,
so dass ich zum Ort der Befreiung entkommen wollte.

Meine weiße Zickleinhaut ist die innere Wärme,
Energiebahnen und -zentren sind der Brustbesatz,
eingefasst in die Einheit von Energie und Geist.
Meine Seide ist die Wärme, die beim Hochlodern der Flamme
und beim Heruntertropfen der weißen Vitalessenz entsteht,
bedeckt mit der Blende der Erfahrungen,
in der Glück und Offenheit vereint sind.
Das ist mein Kleid der Tummo-Wärme,
die das innewohnende Urbewusstsein hervorbringt.

In dem Kleid der inneren Wärme gibt es keinen Unterschied
zwischen Sommer und Winter.
Äußerlich sind Baumwollkleider aus dem Süden Nepals sehr
schön,
aber meine einzelne Baumwollrobe ist leichter und bequemer.
Ich will deine Kleider nicht,
geh wieder nach Hause, Wohltäter!«

So sang er. »Verehrter Djetsün«, fuhr der Jüngling fort, »wenn du schon keine Kleider annehmen willst, dann schenke ich dir meinen Helm. Bitte, tausche ihn gegen Fleisch ein, damit du wieder zu Kräften kommst, denn in der langen Zeit deiner Praxis muss deine Gesundheit gelitten haben«, und er brachte seine Bitte in Form eines Liedes vor:

»Vollkommener Yogi,
da du aller samsarischen Dinge überdrüssig warst
und dich von Geburt und Tod befreien wolltest,
hast du einsgerichtet praktiziert
und dabei viele Schwierigkeiten auf dich genommen,
so dass dein Körper ausgemergelt ist und du frieren musst.

Der Helm auf meinem Kopf
kommt aus Indien und hat ein herrlich glänzendes Vorderteil.
Ein geschickter Schmied
hat es aus wundervollem, kostbarem Zinn gefertigt.
Er ist aus Leder gefertigt und mit Baumwolle gefüttert,
obendrauf ist eine Adlerfeder angebracht,
sein Halteriemen ist aus edlem Hirschkalbleder.
Der Helm ist soviel wert wie ein großes Yak.
Dir, dem Ausstrahlungskörper, schenke ich ihn.
Tausche ihn gegen gehaltvolles Fleisch ein;
Vater Djetsün, bitte, stelle deine Gesundheit wieder her,
ich werde dir Sommer wie Winter dienen.«

So bat er, doch der Djetsün nahm ihn nicht an und antwortete mit diesem Lied:

»Hör zu, junger Mann, täusche dich nicht!
Als Nachkomme des großen Gelehrten Naropa
habe ich den tantrischen Weg der Methoden geübt und
dadurch
Kontrolle über den Energiekörper erlangt.
Da ich die Praxis der tiefgründigen Methoden vollendet habe,
fürchte ich mich nicht vor dem inneren Windelement
und bin nicht auf gehaltvolles Fleisch angewiesen.
Je kälter der Wind ist, desto mehr freue ich mich.

Mein Kopfschmuck ist der Übersetzer mit dem berühmten
Namen,
der yogischen Knochenschmuck trägt.
Er ist ein wunscherfüllender Ausstrahlungskörper,
ein Juwel, so strahlend schön wie Sonne und Mond.

Wenn du mit hingebungsvollen Augen schauen kannst,
wirst du das Antlitz des glorreichen Vajradhara erblicken –
er wird dich so liebevoll beschützen wie einen Sohn.
Das ist mein versteckter innerer Kopfschmuck.

Äußerlich finde ich den indischen Gelehrtenhut
schöner als deinen Helm.
Ich will ihn nicht;
sei glücklich und geh deines Weges.«

So sang er. Der Jüngling fragte sich: »Der Djetsün schlägt alles mit strengen Worten aus, vielleicht waren meine bisherigen Geschenke zu klein?« Er nahm sich nun einen prächtigen Türkis vom Hals und überreichte ihn dem Djetsün mit diesem Lied:

»Oh, großes wunderbares Wesen,
du hast so lange frei von Haften praktiziert,

siehst alle Erscheinungen als Illusion
und hast keinerlei Verlangen nach materiellem Besitz,
so habe ich unwillkürlich Vertrauen zu dir gefasst.

Gibt der Sohn den vom Vater angesammelten Besitz
nicht freigebig weg,
muss er sich vor den Drei Juwelen schämen,
und der menschliche Verstand wird von Dämonen geritten.
Deshalb sag bitte nicht, dass du ihn nicht willst.

Dieser wunderschön leuchtende Drugkar-Türkis,
das weiße Licht von Schudje,[60]
ist auf einem Lederriemen aufgezogen
und auf ein rotes Seidenband genäht.
Verkaufst du ihn, bist du von weltlicher Armut befreit;
ich bringe ihn dem Hals des edlen Meisters dar.
Bitte, sei so gütig und erkläre mir die Lehre Buddhas.«

So bat er und gab dem Djetsün den Türkis, doch dieser nahm ihn nicht an. »Ich will deinen Türkis nicht, ich habe einen viel wertvolleren Edelstein als deinen«, sagte er und antwortete mit diesem Lied:

»Mein Sohn, hör deinem gütigen Vater zu!
In den weiten Gebieten des Königreichs
lege ich Yogi große Entfernungen zurück.

In den belebten Gassen und an den Türen der Ortschaften
erbettle ich einen Bissen Nahrung, wie ein Vogel auf
Futtersuche.[61]
Ich habe keine Gelüste nach köstlichen Speisen.

Das Verlangen nach weltlichem Besitz ist unersättlich;

60 Name einer Art von Türkis aus der Gegend von Schudje in Südtibet.

61 D.h. keinen Vorrat sammelnd, sondern immer nur für den unmittelbaren Bedarf.

wenn ich sehe, wie alles zurückgelassen werden muss,
begehre ich den Besitz von euch Wohlhabenden nicht.

In meiner königlichen Schatzkammer der Genügsamkeit
liegt das Kleinod der mündlichen Überlieferung,
besetzt mit den Edelsteinen der Praxis,
saubergehalten mit Achtsamkeit, die nicht vergisst.
Aufgezogen auf dem Yoga der vier Meditationsperioden,
schmückt es den Jüngling des Gewahrseins.
Deinen Hals-Türkis will ich nicht,
sei glücklich, Jüngling, und geh deines Weges.«

So sang der Djetsün. »Ob der Djetsün-Tulku mich nicht als Schüler annehmen will, weil er sieht, dass ich ein Sünder bin?« überlegte der Knabe und erklärte: »Edles Wesen, du siehst diesen illusorischen Besitz nicht einmal an! Nun schenke ich dir meine drei Begleiter. Ich lege das Gelübde ab, von jetzt an keine Waffen mehr zu tragen und nicht mehr zu töten. Bitte, beschütze mich mit deinem Segen«, flehte der Jüngling, gab ihm seinen Bogen und seinen Köcher und sang dieses Lied:

»Mitfühlendes, höchstes Wesen,
bis jetzt habe ich Feinde als Feinde angesehen
und nie einen hartnäckigen Gegner laufenlassen.
Rechts trage ich einen Tigerköcher mit flammenden Streifen,
in dem sich Pfeile tummeln.
Links trage ich eine gefleckte Leopardenhülle,
in die der Bogen schlüpft.
An meinem Gürtel hängt ein verziertes Schwert,
in dem die Gottheit Tsen wohnt.

Mit meinem Bogen um die Hüfte gebunden,
sehe ich aus wie ein fremder Hunne auf Raubzug.
Wenn mich hasserfüllte Feinde erblicken, erbeben sie innerlich
und flüchten wie Yaks von der Weide in die Berge.
Bei diesem Gedanken empfinde ich Reue,

dadurch werden meine früher begangenen Handlungen
gereinigt.
Nunmehr gebe ich dir meine drei Begleiter
und lege in deiner Gegenwart einen Schwur ab.
Erlaube mir, dir als Diener zu folgen, wohin du auch gehst.«

So flehte er, doch der Djetsün nahm sie nicht an. »Du wirst dein Versprechen nicht halten können, mein Sohn, deine drei Begleiter will ich nicht als Geschenk. Ich habe eine bessere Ausrüstung als deine«, entgegnete er und antwortete mit diesem Lied:

»Sohn, unvergleichlicher Kämpfer, hör zu!
In der Burg der Täuschung, unserer falschen Vorstellungen
über die Dinge,
jagen die Räuber der fünf feindlichen Geistesgifte umher.
Wenn man sie jetzt nicht besiegt,
läuft man Gefahr, in einem unentrinnbaren Kerker
steckenzubleiben.
Das sind des Yogis Feinde, und er sagt ihnen den Kampf an.

Die äußeren Erscheinungen sind mein gestreifter Tigerköcher;
das innere selbstleuchtende Nichthaften ist meine
Leopardenhülle;
große Weisheit ist mein Schwert.
Mein Gürtel, der das Schwert hält, ist der weite Weg der
Einheit.
Er ist mit den Qualitäten und Wärmezeichen verziert.
Das ist meine verborgene innere Ausrüstung.
Ungeborene Offenheit ist mein Bogen,
versehen mit den Sehnenkerben[62] des Erleuchtungsgeistes.
Wenn ich damit die Pfeile der vier grenzenlosen Tugenden
abschieße,
werden die fünf Geistesgifte vom Schlachtfeld vertrieben,
und die Armee der gestörten Gefühle wird zurückgeschlagen.

62 Kerben an den Bogenenden, an denen die Sehne befestigt ist.

Das sind meine Yogi-Waffen!
Deine Ausrüstung will ich nicht,
junger Haushälter, sei glücklich und geh nach Hause.«

So sang der Meister. »Heiliger Djetsün, wenn du meine drei Gefährten nicht annehmen willst, dann nimm wenigstens diesen Baumwollgürtel und das Messer, denn ich muss unbedingt deinen Segen erhalten. Bitte, habe Mitgefühl mit mir«, flehte der Jüngling und sang dieses Lied:

»Vollendeter Yogi, Ausstrahlungskörper, hör mir bitte zu!
Viele kennen das Dharma, doch nur wenige praktizieren es,
und nur selten bringt jemand die Zeichen der Vollendung hervor.
Doch von all denen, die das Dharma kennen,
bitte ich nur den Vater Repa, den Ausstrahlungskörper, um Unterweisung.
Dein heiliges Dharma, das du unter großen Entbehrungen erworben hast,
kann ich nicht mit leeren Händen erbitten.

Dieses bronzene Messer aus Zentralnepal
ist mit Wolkenmotiven verziert.
Es ist scharf und hat einen bronzenen Löwenkopf.
Die Scheide ist mit Filigranarbeit aus Silber geschmückt
und mit zwei Ketten zum Befestigen,
eine aus Eisen, die andere aus Messing und Gold.
Wenn ich es an der Hüfte trage, stärkt es mein Selbstwertgefühl;
es ist eine große Zierde für jeden Jüngling.
Bitte, nimm mein Bittgeschenk an,
und gewähre mir einige Worte über deine meditativen Erfahrungen.«

So brachte er seine Bitte in Liedform vor und gab dem Djetsün seinen Gürtel und das Messer.

»Es wäre nicht richtig, dir jetzt von meinen meditativen Erfahrungen zu erzählen. Dein Bittgeschenk will ich auch nicht, ich habe ein besseres Messer und einen besseren Gürtel als du«, erwiderte der Djetsün und sang dieses Lied als Antwort:

»Sohn, Jüngling ohnegleichen, hör zu!
Ich, eine Löwin, die in der Schneewildnis umherstreift,
habe eine Milch, so gehaltvoll wie Ambrosia.
Man kann sie nur in einen goldenen Becher gießen,
niemals in ein gewöhnliches Gefäß.

Um meine Hüfte der Aufrichtigkeit
binde ich den Baumwollgürtel der starken Hingabe,
der das Muster eines ehrlichen Geistes trägt.
Als metallene Scheide für das Messer der scharfen Intelligenz
dienen mir die drei Gewissheiten in Bezug auf Erfahrungen.[63]
Als Befestigung habe ich die Eisenkette des Vertrauens
und die Goldkette der Ausdauer.
Sie sind die große Zierde eines jeden Dharma-Praktizierenden!

Da ich mich vor der Bestrafung der Dakinis fürchte,
habe ich das Dharma noch nie für materiellen Besitz
verschachert.
Auch jetzt möchte ich dein Bittgeschenk nicht annehmen,
junger Mann, geh wieder nach Hause!«

So sang der Djetsün. »Wenn du, verehrter Yogi, schon keinerlei weltliche Güter annehmen möchtest, dann erlaube mir wenigstens, dir eine abgelegene Einsiedelei zu schenken, wo du dich niederlassen kannst«, fuhr der Jüngling fort und sang dieses Lied:

»Meister-Yogi, du bist heldenhaft in deiner tantrischen Praxis.
Um durch Nichthandeln das Haften abzuwehren,

63 D. h., nicht den meditativen Erfahrungen von Glück, Klarheit und Nichtdenken verhaftet zu sein.

hast du den Kerker der Heimat hinter dir gelassen
und wanderst ziellos durch die Menschenlande.
Ob es für dich körperlich leicht oder mühselig ist, kümmert dich nicht.

Ließest du dich an einem Ort nieder, würde sich deine Praxis verbessern.
Ich baue dir eine Einsiedelei auf halber Höhe
zwischen den Bergen und der Ebene
mit makellosen, natürlichen Säulen,
die im Licht von Sonne, Mond und Sternen leuchten.
Auf den indigoblauen Untergrund
male ich mit zinnoberroter Steinfarbe ein Mandala
und setze Häufchen aus schönen, großen Blumen darauf.
Diese Bleibe, von einem mächtigen Graben
und einem festen Holzzaun umgeben,
ist als Stütze der Hingabe für weltliche Menschen
mit Stupas geschmückt.
Ich opfere sie dem Vater Djetsün,
dort kannst du in aller Ruhe leben.«

So bat er, doch der Djetsün nahm das Angebot nicht an. »Ich werde nicht in einer Einsiedelei leben, deren Grund und Boden einen Eigentümer hat. Außerdem kenne ich die üblichen weltlichen Sitten nicht. Hör dir deshalb mein Lied an«, erwiderte der Djetsün und sang als Antwort dieses Lied:

»Verwirrter junger Mann,
dieses Leben ist vergänglich und nur eine Illusion.
Wenn der Herr des Todes kommt,
könnt ihr Wohlhabenden euch mit eurem Reichtum nicht loskaufen.
Ein tapferer Held kann dem Todesherrn mit seiner Klinge
keinen Treffer versetzen,
und der Furchtsame kann nicht wie ein Fuchs entwischen.
Zu jenem Zeitpunkt erschaudert das Fleisch!

Weil ich mich davor fürchte,
halte ich mich dort auf, wo man keinen Schaden nehmen
kann.[64]

Um die Einsiedelei des ungeborenen Geistes im Inneren
errichte ich den festen Zaun der Energie.
Auf den unwandelbaren Grund setze ich die Säulen des
Absoluten.
Darauf leuchten die Scheiben von Sonne und Mond
der Entwicklungs- und Vollendungsmeditation.
Auf den Grund der Wärme geistiger Ruhe
zeichne ich das zinnoberrote Mandala intuitiver Einsicht
und setze die Blumenhäufchen der meditativen Erfahrungen
von Glück, Klarheit und Nichtdenken darauf.
Die schönen Stupas der zehn tugendhaften Handlungen
sind umgeben von dem mächtigen Graben der Offenheit.
Das ist meine Yogi-Einsiedelei,
deine gewöhnliche Einsiedelei will ich nicht,
junger Haushälter, sei frohgemut und geh nach Hause!«

So sang er und nahm das Angebot nicht an. »Verehrter Lama, die Einsiedelei willst du nicht annehmen, aber dein illusorischer Körper kann krank werden. Ich habe eine hilfreiche und hingebungsvolle Schwester, ich gebe sie dir als Gefährtin. Bitte, verschmähe sie nicht!« bat der Jüngling und brachte seine Bitte als Lied vor:

»Du Yogi, der die Bergwildnis durchwandert,
kennst die versteckten Fehler der Frauen
und hast kein Verlangen oder sinnliche Begierde.
Doch da dein illusorischer Körper Krankheiten ausgesetzt ist,
solltest du eine liebende Gefährtin haben.

Die einzige Schwester von uns drei Brüdern
ist die Tochter eines untadeligen Vaters aus guter Familie

64 d. h. in der Sphäre der absoluten Wirklichkeit

und einer sehr weisen Mutter.
Sie entzückt die Götter und die auf dem Markt versammelten
Menschen.
Sie, die Kleider aus Seidenbrokat
mit schimmernden Regenbogenmustern trägt,
könnte die Gattin eines Königs werden.
Ihr Kopf ist mit Gold und Türkisen geschmückt;
sie trägt eine Halskette mit Edelsteinen
und ist ein bildhübsches Mädchen.
Viele Männer haben vergeblich um ihre Hand angehalten.
Heute schenke ich sie dir, dem Ausstrahlungskörper,
bitte, verschmähe sie nicht, sondern nimm sie an!«

So bat er, doch der Djetsün nahm sein Angebot nicht an. »Rede nicht so daher, ich habe einer weltlichen Gattin entsagt und kein Verlangen nach einer egoistischen Frau. Dein jetziges Vertrauen ist flüchtig, und wenn du mir, einem alten Bettler ohne Stand und Familie, deine Schwester gibst, werden sich die Einwohner und Nachbarn erregen, und auch du selbst wirst es später bereuen. Dein Schwager werde ich nicht, ich habe eine bessere Frau«, entgegnete der Djetsün und sang als Antwort dieses Lied:

»Sprössling eines hohen, weisen Geschlechts!
Im allgemeinen verursachen Frauen Begierde,
und qualifizierte Gefährtinnen sind äußerst rar;
die Vereinigungspraxis ist zwar wunderbar,
aber ihr gewöhnlichen Menschen lästert nur darüber.
Deshalb ist es schwierig, mit einer Gefährtin zu praktizieren.

Meine Frau ist Offenheit, frei von Begierde;
sie ist eine Dame mit dem strahlenden Antlitz des Mitgefühls
und dem entzückenden Lächeln der Liebe.
Ihr Gewand ist aus der Seide nicht-dualistischer Praxis,
die mit dem bunten Muster der vielfältigen Erscheinungen
bedeckt ist.
Ihr Brustband ist der Yoga des gleichen Geschmacks.

Ihre Zöpfe sind die vier Erfahrungen der Freude;
sie sind mit dem Haarschmuck des Einen Geschmacks der
Vielfalt versehen.
Ihre Schönheit ist das Verständnis der grundlegenden
Wirklichkeit.
Das ist meine Yogi-Freundin.
Deine weltliche Gattin will ich nicht,
Haushälter, geh wieder nach Hause zurück!«

So sang der Djetsün und nahm das Angebot nicht an. »Verehrter Djetsün, ihr hochentwickelten Wesen schämt euch nicht, wenn ihr nackt umherlauft; bei uns Weltlingen jedoch bewirkt es Nichtachtung, nimm deshalb unbedingt diese Hosen an«, fuhr der Jüngling fort, zog seine Hosen aus und sang dieses Lied:

»Meister-Yogi, der seine Schamteile nicht verbirgt,
der die yogische Handlungsweise heroisch praktiziert und
nackt schläft,
der keine Hosen trägt und seinen Juwel frei zur Schau stellt,
du hast innerlich die Täuschung zerstört
und weder Angst noch Furcht.
Wir Weltlinge jedoch schämen uns.
Selbst für einen Buddha mit höchster Erkenntnis
ist es gut, sein Verhalten auf die Menschen abzustimmen.

Die Hosen, die ich Jüngling trage,
sind aus weicher Schafswolle.
Meine Mutter und Schwester haben sie gesponnen,
eine weise Schwägerin hat sie gewoben,
ein Nachbarmädchen hat sie im Wasser weichgetreten,
und ein Onkel hat sie mit Liebe genäht.
Wir weltlichen Menschen tragen solche Kleidung aus Scham.
Ich schenke dir diese Beinkleider,
bitte, sage nicht, dass du sie nicht willst, sondern nimm sie an!«

Auf diese Bitte des Jünglings erwiderte der Djetsün: »Sohn, du kennst den Unterschied zwischen Scham und Schamlosigkeit nicht. Du lachst darüber, dass ich mit meiner Kleidung so unbekümmert bin. Wir sind jedoch am Anfang alle nackt aus dem Mutterleib gekommen, und wenn wir am Ende sterben, geht das Gewahrsein völlig nackt von dannen. So mache ich auch jetzt nicht viel Aufheben und bleibe ganz natürlich. Ich kenne keine falsche Scham. Sohn, höre dir deshalb mein Lied an«, und er sang ihm diese Antwort:

»Jüngling von guter Geburt,
du schämst dich, wo es nichts zu schämen gibt.
Das männliche Glied ist ganz natürlich,
falsche Scham deswegen kenne ich nicht.
Ihr hingegen schämt euch nicht wegen wirklicher
Unanständigkeiten.
Wenn es um schlechtes Verhalten, negative Handlungen und
Betrug geht,
kennt ihr keine Scheu, Scham und Zurückhaltung.
Das sind Dinge, wegen derer ich mich schäme!

Die weiche Wolle des Erleuchtungsgeistes
ist aus den vier Ermächtigungen, die zur geistigen Reife führen,
gesponnen,
gewebt in der tiefen Meditation des Befreiungsweges
und mit dem Wasser tugendhafter Gebete bespritzt.
Der Schneider der verständnisvollen Güte
hat die Hosen der Scheu und Scham zusammengenäht.
Das ist mein Kleidungsstück, mit dem ich zum Wohl der
anderen wirke.
Deine gewöhnlichen Hosen will ich nicht,
Haushälter, geh nach Hause zurück!«

So sang er. »Dieses große Wesen nimmt nichts an, was man ihm auch anbietet. Ich muss herausfinden, wohin er geht und wo er lebt, und ihn in meine Heimat einladen«, dachte der Jüngling und erkundigte sich: »Heiliger Djetsün, du nimmst weder irgendwelche Geschenke noch Ehrerbietung an, bitte verheimliche mir nicht, wohin du von hier aus gehst und wo du leben willst.«

»Da gibt es nichts zu verheimlichen, mein Sohn. Zur Erntezeit bettle ich in Dingri, zur Dreschzeit gehe ich hinüber nach Nyanang, und im Winter lebe ich in einem leeren Tal, das Latschi heißt.«

Der Jüngling dachte bei sich: »Gut, das lässt sich aufschieben; wenn ich ihn zu mir nach Hause einlade, ihn bewirte und dann um das Dharma bitte, gewährt er es mir vielleicht«, und er trug sein Anliegen als Lied vor:

»Meister, unvergleichlicher Ausstrahlungskörper!
Nach Dingri willst du gehen? Dort willst du Essen erbetteln?
Diese Gegend hat doch keinerlei Vorzüge!
Dingri liegt unter dem weiten Himmel,
die Tugend der Menschen dort ist jedoch kleiner als Senfsamen,
ihre Hände sind fester verschlossen als Tempeltore,
und Röstmehl ist dort rarer als Gold.
Wenn man endlich etwas findet, wird man krank davon.
Jene, die etwas bekamen, ruinierten ihre Gesundheit damit.
Das ist ein Ort in einem Hungertal.

Nach Nyanang willst du gehen?
Auf dem Pass von Töla Ngenmo lauern große Gefahren;
Diebe und Räuber treiben sich dort herum;
sie rauben selbst nachts und verschonen nicht einmal
Leprakranke.
Ihre Schlupfwinkel sind unzählbar,
ohne hundert Begleiter kann man da nicht reisen,
alle drei Schritte braucht man einen Führer.
Man sagt, das Gebiet von Nyanang ist ein schwarzes Tal,
das an der Grenze zwischen Nepal und Tibet liegt.

Der obere Teil von Nyanang gehört zum tibetischen
Schneeland;
Sommer wie Winter schneit es dort,
und der kalte Wind bläst Tag und Nacht.

Die Menschen dort sind dümmer als das Vieh.

Die Flüsse fließen südwärts nach Mön,
in das untere Nyanang, ein heißes Schluchtenland.
Die Brücken über den Abgründen dort sind lebensgefährlich;
Epidemien und Hitze bedrohen das Leben.
Die Nepalesen im südlichen Grenzgebiet sprechen
viele verschiedene Sprachen.
Die Bäume dort gleichen steifen Menschenleichen.

Meister, da kannst du nicht hingehen!
Bitte, schiebe die Reise dorthin auf!
Auch wenn du es nicht zulässt, dass ich dir diene,
komm bitte wenigstens für einen halben Monat
in die Heimat des Jünglings,
damit er dich bewirten kann.
Bitte, habe Mitgefühl und komm!«

So bat der Jüngling. »Ich mag grundsätzlich keine egoistischen Wohltäter, und in deine Heimat komme ich nicht, mein Sohn. Ich kenne eine bessere Seite von Nyanang und Dingri als du, hör dir mein Lied an«, entgegnete der Djetsün und sang als Antwort dieses Lied:

»Wohlan, kluger Jüngling,
Sohn mit unerschütterlichem Vertrauen, hör zu!
Ein Land, in dem alle zehn Tugenden praktiziert werden
und wo die Menschen keine Fehler, sondern nur Qualitäten
haben,
ist durch den Wandel der Zeiten selten geworden.
Ich bin ein Yogi, der tut, was ihm beliebt,
und habe mich nie von dem,
was die Leute sagen, beeinflussen lassen.

Mag sein, dass Röstmehl in Dingri rar ist,
doch gibt es für mich kein unreines und reines Essen.
Äußerlich nehme ich die fünf Nektare zu mir.

Nach schmackhaften Speisen hat es mich nie gelüstet.
Somit bin ich ein Yogi der niedrigsten Klasse.
Innerlich esse ich tiefe Meditation als Speise,
deshalb habe ich wenig Verlangen nach Nahrung.
Wie groß die Hungersnot auch sei, ich bin zufrieden.

Mag sein, dass die Pässe gefährlich sind,
doch bete ich zum segensreichen Meister,
habe eine gute Stütze in der Zuflucht zu den Drei Juwelen
und die Dakinis der drei Ebenen als Geleitschutz.
Stets begleitet mich mein Freund, der Erleuchtungsgeist,
und die acht Geisterklassen empfangen mich überall.
Außerdem hat man keine Feinde, wenn man nichts besitzt.
Wie zahlreich die Räuber auch sein mögen, ich bin frohgelaunt.

Mag sein, dass Nyanang ein schwarzes Tal genannt wird,
doch sind die Leute dort natürlich.
Was sie sagen, ist ungekünstelt und geradeheraus,
ihr Verhalten ist ungezwungen und entspannt,
ihre Nahrung ist einfach, und sie sind nicht knauserig,
ihr Land mit seinen Wäldern ist reine Natur.
Ich habe kein Verlangen nach dem Glück weltlicher Besitztümer,
und Speise und Trank bedeuten mir nichts.
Ich gehe nach Nyanang;
dort fühlt mein Yogi-Geist sich wohl,
dort gibt es wenig ablenkende Geschäftigkeit,
dort entwickelt sich meine tiefe Meditation.
Ich habe Kontrolle über die Tummo-Wärme
und fürchte heiße und kalte Winde nicht.
Wieviel Schnee auch fallen mag, ich freue mich darüber.

Ich schiebe meine Reise nicht auf
und komme nicht in deine Heimat, Junge.
Arrogante Wohltäter mag ich nicht,
und schmeichlerisches Verhalten ist mir fremd.

Die Sonnenstrahlen kommen; steig aufs Pferd;
es ist Zeit zu gehen, sei glücklich, Jüngling!
Ich mache Gebete, dass du nicht krank werden
und lange leben mögest, mein Sohn!«

Mit diesen Worten lehnte er die Einladung ab. Da wurde der Jüngling ganz verzweifelt: »Was ich dem Djetsün auch anbiete, er lehnt es ab! Wie sehr ich auch um das Dharma bitte, er gibt es nicht! Ich muss sehr starke geistige Schleier haben! Jetzt bleibt mir nichts anderes übrig, als Gebete zu sprechen und mich vor deinen Augen umzubringen«, rief der Jüngling, setzte sich seinen scharfen Dolch aufs Herz und sang wehklagend dieses Lied:

»Großer Yogi, hör mir zu!
Heute morgen an der Silberquelle
sah ich einen Menschen nackt am Boden liegen.
›Oh ja, ein verrückter Yogi,
einer, der sich schlecht benimmt,
einer, der sein Äußeres nach Belieben zur Schau stellt –
mit solchen Menschen will ich nichts zu tun haben‹, dachte ich.

Respektlos schmähte ich dich,
wollte deine Begleitung nicht und wich dir aus.
Der Djetsün hat dies gewusst.
Nun schämt sich der Schüler so sehr, dass er sterben möchte.

Noch bevor die Sonne ihren Höchststand erreichte,
überquerte ich den blauen Bong-Fluss.
Da sah ich dich auf dem Wasser gleiten wie einen Vogel,
sah dich wie den Wind im Himmelsraum schweben,
sah dich mit einem Wunderkörper gehen.

Als ich am anderen Ufer des Flusses ankam,
dachte ich: ›Ich habe einen Siddha getroffen!
Meine geistigen Schleier und Muster müssen gering sein,
welch großes Verdienst‹, dachte ich.

›Ich muss karmisch begünstigt sein
und reine Gebete gesprochen haben‹, dachte ich.
›Ich bin für das Buddhadharma auserwählt‹, dachte ich.
Seit meine Mutter mich geboren hat,
habe ich noch nie eine solche Freude wie heute empfunden.

Zu allem illusorischen Besitz, den ich anbot,
sagtest du: ›Will ich nicht, brauch' ich nicht!‹
Abgesehen vom Meister Yogi-Repa,
hat man so etwas in Tibet noch nie gehört;
einen so wunderbaren Dharma-Praktizierenden wie dich
habe ich noch nie gesehen.

Der Meister ist wahrlich wunderbar,
doch am heutigen Mittag
hat er mein Anliegen nicht erhört.
Es scheint, dass ich sehr schlechtes Karma
und dichte geistige Schleier habe.

Anscheinend ist mein Verdienst zu gering,
ich scheine nicht für das Buddhadharma auserwählt zu sein.

Nun bin ich verzweifelt und verwirrt,
bin unglücklich und handle unüberlegt,
ich weiß nicht ein noch aus.

Wenn man einen Ausstrahlungskörper des Buddha sieht
und nicht wenigstens ein paar segensreiche Worte von ihm erhält,
ist es dasselbe, als hätte man ihn gar nicht getroffen.
Was werden die Leute im Lande sagen.
Welche Scham, wenn ich nach Hause zurückkehre!

Deshalb setze ich lieber meinem Leben ein Ende.
Einmal geboren, müssen wir Lebewesen ohnehin sterben,
und für mich ist es besser, heute zu sterben.

So sterbe ich in der Gegenwart eines Siddhas,
so sterbe ich in Gedanken an das heilige Dharma.
Was kann ich dir sonst noch sagen.
Der Meister ist hellsichtig und weise,
und der Jüngling hat nicht genug Verdienst.«

So sprach der Jüngling und wollte seinen Entschluss ausführen.

Da dachte der Djetsün: »Er hat so viel Vertrauen und Hingabe, wir müssen eine Verbindung aufgrund früherer Wunschgebete haben. Er ist bestimmt der Mensch, der mir im Traum erschienen ist. Ich muss mich seiner annehmen«, und er antwortete mit diesem Lied:

»Junger Haushälter, hör zu!
Bei einer solchen Sehnsucht nach Tugendhaftem
sind deine auf schlechtem Karma beruhenden Schleier sicher gering.

Bei solch furchtloser Entschlossenheit
sind dein Stolz und deine Selbstgefälligkeit sicher gering.

Bei so viel Eifer und Ausdauer
sind deine Faulheit und Müßigkeit sicher gering.

Bei so viel Freigebigkeit und Freude am Geben
sind dein Geiz und deine Begierde sicher gering.

Bei so viel Klugheit und Mitgefühl
sind deine Blindheit und dein Hass sicher gering.

Bei so viel höchster Hingabe
hast du sicher schon in früheren Leben Heiligen gedient.

Daher solltest du nicht verzweifeln, mein Sohn!
Du bist aus Gyalthrom gekommen,
und ich kam aus Gungthang hergewandert.

Wir beide haben uns heute morgen
am Ufer des blauen Bong-Flusses getroffen.
Dieses Zusammentreffen an der Silberquelle
ist aufgrund früherer Gebete zustande gekommen.
Gewiss sind wir eine karmische Verbindung eingegangen,
die nun im Urgrund des Geistes erwacht ist.
Soweit mein Lied über unser günstiges Zusammentreffen.
Nun komme ich zum Kern der Sache.

Wenn du, mein Sohn,
von Herzen die Lehre Buddhas praktizieren möchtest
und tiefes Vertrauen in dir entstanden ist,
wenn du keine Anhaftung an dieses Leben hast
und mir wirklich folgen willst,
dann behalte dies im Gedächtnis, mein Jüngling.

Verwandte sind ein teuflisches Hindernis.
Glaube nicht, sie seien wirklich, und hänge nicht an ihnen.

Nahrung und Besitz sind Maras Kundschafter.
Sich an sie zu gewöhnen ist verhängnisvoll –
überwinde deine Gelüste danach.

Sinnesobjekte sind Maras Lasso.
Sie fesseln dich mit Sicherheit – gib deine Anhaftung an sie auf.

Jugendliche Freundinnen sind Maras Töchter.
Du wirst mit Sicherheit von ihnen verführt – sei auf der Hut.

Das Vaterland ist Maras Kerker.
Daraus entkommen ist schwierig – beeile dich, ihm zu entfliehen.

Du musst ohnehin alles zurücklassen und gehen.
Deshalb ist es sinnvoller, jetzt gleich alles loszulassen.

Die Lehmpuppe dieses illusorischen Körpers
wird ohnehin zusammenbrechen.
Deshalb ist es besser, jetzt gleich das Dharma zu praktizieren.

Der Adler des Geistes wird ohnehin davonfliegen.
Lass ihn besser gleich im Himmelsraum schweben.

Beachtest du, was ich sage, und handelst danach,
dann bist du für das Buddhadharma auserwählt.
Als Eingangstor erhältst du die Ermächtigungen und die Segnungen.
Dann werde ich dir die Unterweisungen
der tiefgründigen, mündlichen Überlieferung geben,
und du, mein Sohn, wirst den spirituellen Weg beginnen.
Darüber wäre ich Yogi sehr froh,
behalte dies im Geist, mein Jüngling!«

Der Jüngling freute sich über die Worte des Meisters. Überglücklich setzte er des Djetsüns Füße auf seinen Kopf, machte viele Niederwerfungen, Koras und Wunschgebete und ging davon.

Vier Monate später, als der Meister in Tschubar im Tale von Drin weilte, kam der Jüngling zurück und brachte seinen Neffen mit. Er schenkte dem Djetsün einen weißlich schimmernden Türkis aus Schuyä, und der Neffe gab ihm eine halbe Unze Gold. Der Meister nahm die Geschenke jedoch nicht an.

Zu jener Zeit errichtete der Übersetzer Lama Bari in Drin eine Ushnishavijaya-Stupa, und der Djetsün schlug seinen Besuchern vor: »Eure Geschenke, Onkel und Neffe, kann ich entbehren, gebt sie dem Übersetzer Lama Bari, und bittet ihn um eine tantrische Ermächtigung. Später gebe ich euch dann die mündlichen Unterweisungen.« Der Djetsün gab ihnen ein Empfehlungsschreiben mit, in dem er den Übersetzer Lama Bari bat, ihnen die vollständige Ermächtigung für Chakrasamvara zu gewähren.

Der Lama gab den beiden drei äußere Übungen: den Zyklus der Ushnishavijaya[65], das Ritual des Meru Sinha[65] zur Verlängerung des Lebens und den Zyklus des Avalokiteshvara[65]; drei innere Übungen: das Sadhana der sieben Silben des Chakrasamvara[65], den Zyklus der Vajravarahi[65], überliefert von Lama Balpo[66], und das Sadhana der weiblichen Gottheit Kurukulle[65]. Nachdem sie den Übersetzer Lama Bari nach Sakya begleitet hatten, kehrten sie zum Djetsün zurück.

Sie blieben fünf Jahre lang bei dem Meister. In Übereinstimmung mit seinen eigenen Erfahrungen lehrte dieser sie die berühmten sechs Yogas des Naropa und die von Meister Maitripa überlieferten Mahamudra-Lehren.

Zuvor hieß der Jüngling Darma Wangtschug von Schuyä; nun erhielt er vom Djetsün den Namen Repa Schiwa Ö. Früher, als weltlicher Mensch, war er von sehr sinnlicher Natur gewesen, jetzt entsagte er der Welt.

Er legte vor dem Djetsün ein Versprechen ab, nur noch Baumwollkleidung und keine Lederschuhe mehr zu tragen, nicht in die Heimat zurückzukehren und nie mehr Vorrat als für zwei Tage bei sich zu behalten. Er blieb standhaft bei seiner Praxis und entwickelte gute meditative Erfahrungen. Der Meister war sehr erfreut darüber und sang dieses Lied:

»Ich verbeuge mich vor den wahren Lamas.
Segensreich ist die Praxislinie des Mitgefühls,
machtvoll sind die Unterweisungen von Marpa und Mila,
groß ist deine Ausdauer beim Meditieren, Jüngling Schiwa Ö.
Durch den Segen der Dakinis hast du rasch
Erkenntnisse gewonnen.

Willst du die Praxis zu Ende führen, mein Sohn,
dann rede nicht nur über die Sichtweise,

65 Dies sind allesamt tantrische Yidam-Gottheiten.
66 Ein Nepalese, Schüler des Naropa, der Marpa zu Naropa führte.

sondern praktiziere das Dharma unvoreingenommen.

Begehre nicht, vor den Menschen als guter Lehrer dazustehen,
sondern wandere in menschenleeren Tälern umher.

Lebe nicht mit schlechten Freunden und Dienern zusammen,
sondern bleibe stets allein.

Vergiss den Wunsch, ein Lama zu sein;
sei bescheiden und praktiziere deine Meditation.

Sehne dich nicht nach schnellen Erfolgszeichen,
sondern praktiziere, solange du lebst.

Studiere nicht Worte und abstrakte Begriffe,
sondern praktiziere die Unterweisungen der mündlichen Überlieferung
ohne jede Ablenkung.

Zweifelst du am Nutzen deiner Praxis,
gib alle abstrakten Begriffe auf, und wende dich der Meditation zu.«

So sang er. Daraufhin fragte Schiwa Ö: »Man sagt, es sei ein Irrweg, sich erst theoretisches Wissen anzueignen und die Meditation auf später zu verschieben, stimmt das?«

Der Djetsün entgegnete: »In die Irre geht man, wenn man sein Interesse an weltlichen Beschäftigungen nicht aufgibt und nicht versteht, worauf es wirklich ankommt. In der Überlieferungslinie des Marpa, der ich angehöre, gibt es keine Irrwege. Wir konzentrieren uns auf die Praxis und lassen das Studium von Worten und abstrakten Begriffen sein.«

»Ich verbeuge mich zu Füßen des wahren Lamas.
Lehrer, die sich mit Worten aufblasen,
falsche Anschuldigungen beim Debattieren machen,

unkontrolliert daherreden,
in prunkvollen Betten schlafen
und mit großem Pomp reisen,
ziehen viele Hindernisse auf sich und gehen in die Irre.

Jeder in den sechs Daseinsbereichen der drei Welten irrt sich auf seine Art.
Gewöhnliche Menschen verirren sich,
weil ihre Handlungen von Begierde bestimmt sind.
Shravakas und Pratyekas irren sich,
weil sie einen stillen Glückszustand anstreben.
Gelehrte verirren sich,
indem sie ihr Wissen zum Broterwerb benutzen.
Lehrer verirren sich in der Festung der Worte.
Mönche verirren sich beim Vorgaukeln ihrer Gutheit.
Yogis verirren sich in ihrer Verrücktheit.
Große Meditierende verirren sich in einer nihilistischen Sicht von Offenheit,
und alle Unwissenden befinden sich völlig auf Irrwegen.

Wer in der mündlichen Überlieferung, dem Hauch der Dakinis,
Irrtümer vermutet, ist unter Maras Einfluss geraten.
Schiwa Ö, wähnst du dich verirrt
in Gegenwart des großen Repa, täuschst du dich.
Gib deine Zweifel auf und praktiziere!

Wenn man die Kernbelehrungen wirklich praktiziert,
kann man sich nicht verirren – das ist unmöglich.
Sohn, vergiss das Studium abstrakter Begriffe,
meditiere einsgerichtet, dann wirst du die Frucht erlangen.«

So sang der Djetsün. Der Jüngling ließ ab von abstrakten Begriffen und meditierte einsgerichtet bei seinem Lama. Dabei nahm er große Entbehrungen in Bezug auf Essen und Kleidung in Kauf. Zu jener Zeit besuchte ihn einer seiner früheren Freunde. Als er die ärmliche Lebensweise des Schiwa Ö sah, der weder Essen noch Kleidung hatte, packte ihn verkehrtes Mitgefühl[67], und er rief: »Schuyä Darma Wangtschug, einst warst du das geliebte Kind sehr wohlhabender Leute! Nun bist du wie ein alter Bettler geworden, ohne Essen, ohne Kleider!« Als Antwort sang Repa Schiwa Ö dieses Lied:

»Ich bin bei meinem Djetsün Vater, um Buddhaschaft zu verwirklichen.
Meine beiden Eltern sind zwar die Basis,
um Liebe und Mitgefühl zu entwickeln,
aber Verwandtschaft ist die Ursache des Daseinskreislaufs.
Deshalb habe ich sie verlassen.

Ich lebe allein, um Buddhaschaft zu verwirklichen.
Dharma-Freunde sind zwar eine Stütze für tugendhafte Praxis,
doch wenn drei oder vier zusammen sind,
wird nur noch munter geplaudert.
Deshalb lebe ich allein.

Eine kurze Unterweisung genügt, um Buddhaschaft zu verwirklichen.
Die erklärenden Schriften sind zwar eine Unterstützung
bei tugendhafter Praxis,
doch wenn man zu viele Bücher liest, führt das zu Stolz.
Deshalb habe ich die Kommentare beiseite gelegt.

Ich lebe in einer Bergeinsiedelei, um Buddhaschaft zu verwirklichen.
Genügsamkeit ist die Grundlage tugendhafter Praxis,
während viel Besitz zu Anhaften führt.
Deshalb habe ich das Vaterland verlassen.

Ich bin heimatlos, um Buddhaschaft zu verwirklichen.

67 Wenn man jemanden bemitleidet, der um des Dharmas willen Schwierigkeiten auf sich nimmt, so ist dies verkehrtes Mitgefühl. Mitleid ist angebracht gegenüber jenen Lebewesen, die nicht wissen, wie sie sich von ihrem Leiden befreien können, weil sie das Dharma nicht kennen.

Jene, die hingebungsvoll gute Taten ausführen,
sind eine Hilfe bei der tugendhaften Praxis,
viele Diener jedoch verursachen nur gestörte Gefühle.
Deshalb habe ich Diener aufgegeben.«

Darauf fasste der Mann Vertrauen zu dem Yogi und schenkte ihm viele Dinge.

Schiwa Ö erfreute den Djetsün sehr und blieb bis zu dessen Tode als Diener bei ihm.

Er erhielt sämtliche Praxisunterweisungen in vollständiger Form und überwand alle Irrtümer in Bezug auf spirituelle Erfahrung und Erkenntnis.

Sein Neffe wurde kein Repa, was dem Djetsün ein wenig missfiel. Es heißt, dass er sich Lentsün Sangye Kyab nannte und in Nyanang Durnen ein kleines Kloster leitete.

Repa Schiwa Ö ging nach dem Tode des Djetsün nach Golung in Phadrug, wo er in der Medizinwasserhöhle meditierte. Später, nachdem er sämtliche Erfahrungen und Erkenntnisse, die Qualitäten der spirituellen Stufen und Wege, vollendet hatte, ging er als Regenbogenkörper unbehindert durch den Felsen seiner Meditationshöhle in die reinen Gefilde auf der Sambhogakaya-Ebene ein.

Das war die Geschichte von Schiwa Ö an der Silberquelle.

Über den Rohrstock und das Treffen mit Ngendzong Tönpa

NAMO GURU. Der Meister Milarepa besaß nichts außer einem Rohrstock, an dem alles befestigt war, was er brauchte. Mit diesem Stock und Seban Repa als Diener machte er sich auf den Weg nach Tschumda Karbu in der Tschen-Lung-Region, um Nahrungsmittel zu erbetteln. Außer einer alten Frau lebte niemand an diesem Ort.

Als sie die Alte um Essen baten, erwiderte diese: »Ich bin arm und habe nichts. Aber hinter den Feldern dort drüben lebt der Reiche von Ngendzong; er heißt Dschang-tschub Bar und arbeitet heute auf dem Feld. Geht hinüber, er wird euch bewirten.«

Als der Djetsün und sein Schüler dort ankamen, saß der Reiche auf einem Sitz aus Erde. Der große Djetsün sprach ihn an: »Mein Herr, es heißt, du seist wohlhabend, so gib uns beiden Yogis den Tagesproviant.« »Ich kann euch gerne zum Essen einladen«, erwiderte er. »Wenn ihr echte Yogis seid, dann versteht ihr die Erscheinungen als Gleichnisse. Singt mir ein Lied über meine Feldarbeit.« Der Djetsün und sein Schüler Seban sangen dieses Lied als Antwort:

»Nun gut, hochmütiger Haushälter,
hör zu, Wohlhabender von Ngendzong!
Wenn in den Frühlingsmonaten
jeder Tibeter sein Feld bestellt,
pflügen auch wir Yogis unser Feld.

Auf den harten Boden der gestörten Gefühle
streuen wir als erstes den Dünger des Vertrauens
und bewässern ihn mit den fünf Nektaren.
Klugheit ist der Feldarbeiter:
Er streut die Samen der Nichttäuschung

und spannt die Ochsen der Nicht-Dualität
vor den Weisheitspflug.

Der Ochsenlenker bewahrt den Vajra-Eid,
indem er den Pflug der Unzerstreutheit in den Boden eindrückt
und mit der Peitsche der Anstrengung die Ochsen antreibt.
So wird selbst der harte Boden der gestörten Gefühle
aufgebrochen,
die Schößlinge der Erleuchtung sprießen hervor,
und die Frucht reift im Laufe der Zeit.

Du bist ein Landwirt dieser Welt,
unsere Landwirtschaft ist für die Dauer.
Lass uns sehen, wessen Früchte im Herbst reichlicher sind;
lass uns vergleichen, wer am Ende zufriedener ist.

Indem wir die Erscheinungen als Gleichnisse nutzten,
haben wir ein Lied über Feldarbeit gesungen.
Möge es dich erfreuen, stolzer Mann!
Es ist zu deinem eigenen Nutzen, wenn du Verdienst
ansammelst!«

So sangen sie. Der Mann fuhr fort: »Yogi, was bedeutet der Rohrstock in deiner Hand? Er sieht aus wie ein Kinderspielzeug oder das Gerät eines Verrückten, aber er hat doch sicher einen Sinn? Erkläre mir bitte seine Bedeutung.« Als Antwort auf die Frage sang der Djetsün dieses Lied:

»Nun gut, neugieriger Haushälter,
du bist langsam im Geben, so höre gut zu!
Weißt du, wer ich bin?
Falls du mich nicht kennst:
Ich bin Milarepa,
ein Mensch, der Askese übt,
ein großer Meditierender mit Standfestigkeit,
ein Yogi, der ohne Vorlieben und Abneigungen praktiziert.

Der Rohrstock in meiner Hand
wuchs anfangs neben einem riesigen Felsen,
wurde dann mit einer Sichel geschnitten
und schließlich mit Leder umhüllt.
Er stammt aus Lhoka in Mön.
Getragen hat ihn ein Dzo für große Lasten,
verkauft wurde er auf dem Markt,
geschenkt hat ihn mir jemand, der Vertrauen zu mir hatte.
Jetzt gehört der Stab mir.
Verstehst du seine Bedeutung?
Falls du seinen Sinn nicht begreifst,
dann hör gut zu, ich werde ihn dir erklären.

Der Schnitt am unteren Ende des Stabes
zeigt, dass ich Samsara an der Wurzel abgeschnitten habe.
Der Schnitt an seiner Spitze
bedeutet, dass ich Zweifel und Irrwege abgeschnitten habe.

Dass er zwei Ellen über die Hand hinausragt,
zeigt, dass ich ein herausragender Praktizierender bin.
Sein gutes, geschmeidiges Material
ist ein Hinweis auf die ursprünglich gute Natur des Geistes.

Sein glattes Aussehen und seine schöne Farbe
zeigen, dass ich mich darin geübt habe,
den Geist in seiner reinen Natur zu belassen.
Dass der Stab gerade und doch biegsam ist,
ist ein Zeichen für meine fehlerlose Praxis.

Die Rillen im Stab
zeigen meine Geübtheit auf dem Weg der Erleuchtung.
Seine vier Segmente
zeigen, dass ich die vier grenzenlosen Tugenden erfahre.

Dass er drei Knoten hat,
bedeutet, dass die drei Buddha-Körper im Urgrund des Seins

vollständig vorhanden sind.
Seine unveränderliche Farbe
zeigt, dass sich der Urgrund der letztendlichen Natur
niemals wandelt.

Die runde Form des Stabes
bedeutet, dass die letztendliche Natur frei von Begriffen ist.
Seine glänzend weiße Farbe
zeigt den fehlerlosen Dharmakaya.

Seine Löcher weisen auf die Leerheit aller Phänomene hin.
Dass er einen Auswuchs hat,
zeigt das Verständnis der einzigen Wirklichkeit.

Dass er schwarz gesprenkelt ist,
zeigt, dass tibetische Repa-Yogis
wenig begriffliches Denken haben.
Die gute Beschaffenheit des Stabes
steht für die rechte Praxis des Dharma.

Sein schönes und gefälliges Aussehen
weist darauf hin,
dass die Lebewesen hingebungsvolles Vertrauen haben.
Sein unteres, in Eisen gefasstes Ende
bedeutet, dass Yogis in Bergeinsiedeleien umherschweifen.

Sein in Kupfer eingefasster Griff
zeigt, dass ich die Dakinis gezähmt habe.
Die in den Stab geschlagenen Nägel
stehen für die große Standfestigkeit der Yogis.

Der daran befestigte Messingring
zeigt, dass die inneren Qualitäten entfaltet sind.
Sein Lederstreifen
steht für die geistige Entspanntheit der Yogis.

Die beiden zusammengedrehten Lederstränge
zeigen, dass ich die Einheit praktiziere.
Die Verbindung von Stock und Lederstrang,
Mutter und Sohn,
weist auf das Verstehen der drei Buddha-Körper hin.

Die am Stab befestigte Knochenbettelschale
zeigt, dass die Yogis im Königreich umherwandern.
Der Beutel mit den Dingen zum Feuermachen[68]
zeigt, dass alle Erscheinungen hilfreich sind.

Das herunterhängende weiße Muschelstück
kennzeichnet das Drehen des Dharma-Rades.
Das Stück Raubtierfell
steht für Furchtlosigkeit.

Der Spiegel, der am Stab befestigt ist,
symbolisiert innere Erkenntnis.
Das scharfe Messer
zeigt, dass ich die quälenden gestörten Gefühle
abgeschnitten habe.

Die Kristallkugel
zeigt, dass die unreinen Gewohnheitsmuster gereinigt sind.
Die Perlenkette aus Elfenbein, die daran hängt,
steht für Treue zum Lama.

Die Glöckchen
zeigen, dass mein Ruhm in den zehn Himmelsrichtungen
erschallt.
Das weißrote Baumwolltuch
bedeutet, dass mir viele Schüler folgen.

Der Stock schmückt die Hand eines Yogis

68 Feuerstahl, Feuerstein und Zunder.

und zeigt, dass dieser geschickt ist im Bändigen von Laien.
Dass du nach dem Sinn gefragt hast,
zeigt deine Neigung zur Hingabe.
Unser Zusammentreffen hier
bedeutet, dass wir in der Vergangenheit dafür gebetet haben.

Durch dieses Lied über die Zeichen des weißen Stabes
könnt ihr verstehen, was er symbolisiert.
Götter und Menschen, habt Vertrauen
in seine dharmische Bedeutung.
Möget ihr immer glücklich sein
und das wahre Dharma praktizieren.«

So sang er das Lied über den weißen Stab, verbunden mit Dharma-Gleichnissen. Der Haushälter fasste noch mehr Vertrauen zum Djetsün, verbeugte sich vor ihm, setzte dessen Füße auf seinen Scheitel und sagte: »Verehrter Lama, bitte lass dich hier nieder, ich werde dich bis zu meinem Tode versorgen.«

Meister und Schüler jedoch blieben lediglich sieben Tage. Dann sagten sie: »Von euch weltlich gesinnten Menschen als Lama unterhalten zu werden interessiert uns nicht« und schickten sich an zu gehen. Als sie aufbrachen, bat der Haushälter: »Wenn der Lama unbedingt gehen will, gewähre mir bitte vorher noch drei Sätze über deine meditativen Erfahrungen.« So sang der Djetsün mit seinem Schüler dieses Lied als Antwort:

»Nun gut, vertrauensvoller Haushälter,
wohlhabend doch gedankenlos, hör zu!
Über das Dharma reden ist einfach,
es praktizieren jedoch schwer.

Ihr weltlich gesinnten Menschen lebt in Täuschung.
In der Hoffnung, noch Zeit zu haben, lasst ihr diese verfließen.
Während ihr denkt: ›Ich werde das Dharma später praktizieren‹,
geht euer Leben dem Ende zu.

Besser wäre es, ihr würdet gleich das wahre Dharma
praktizieren.

Es heißt, das kühle Wasser der Schieferquellen
könne Gallekrankheiten heilen.
Doch nur Schneehühner können es trinken,
das Wild in den Niederungen kann es nicht.

Es heißt, ein Schwert aus Meteoriteneisen
könne eine Streitmacht zurücktreiben.
Doch nur der Elefant Sasung[69] kann es führen,
die anderen kleinen Elefanten können es nicht.

Es heißt, die göttliche Ambrosia der Unsterblichkeit
verleihe dem Körper Langlebigkeit.
Doch nicht alle Dharma-Praktizierenden
vermögen sie zu kosten,
nur der Acharya Nagarjuna[70] konnte es.

Es heißt, das goldene Kästchen der Rolang-Geister
beseitige Armut.
Doch das gewöhnliche Volk ist nicht in der Lage, es zu nutzen,
nur der Königssohn Da-Ö konnte es.

Es heißt, der Edelstein vom Grunde des Meeres
gewähre alles Benötigte und Begehrte.
Doch die Menschen dieser Erde können ihn nicht benutzen,
nur der Naga Gawa Dschogpo konnte es.

Es heißt, der Palast der Tushita-Götter[71]
stelle ein großartiges Schauspiel dar.
Doch gewöhnliche Menschen können es nicht sehen,

69 Indras Elefant zum Bekämpfen der Antigötter.
70 Ein indischer Siddha.
71 Tib. *dga' ldan lha:* Eine der sechs Arten von Sinnlichkeitsgöttern; sie erfreuen sich großen Reichtums, Glücks und des Mahayana-Dharma.

nur der Acharya Asanga[72] konnte es.

Es heißt, die sechs Medizinpflanzen
heilten kalte und heiße Erkrankungen.
Doch von allen ist Sandelholz die Beste,
gewöhnliche Bäume haben diese Wirkungskraft nicht.

Es heißt, man könne
durch die karmische Frucht der zehn Tugenden
die höheren Daseinsbereiche sehen.
Doch große Sünder können nicht tugendhaft handeln,
nur jemand mit Vertrauen vermag das zu tun.

Es heißt, durch die Unterweisungen der Kagyü-Lamas
erlange man Erleuchtung.
Doch ohne karmische Verbindung kann man sie nicht meistern,
nur wer karmisch begünstigt ist, profitiert davon.

Es heißt, man könne durch die kostbaren Unterweisungen
der mündlichen Überlieferung Buddhaschaft erlangen.
Doch nur ein Mensch mit Standfestigkeit kann sie praktizieren,
nicht aber ein zerstreuter Mensch wie du.

Es heißt, man könne
durch die Ganachakra-Opferungen von Speise und Trank
Armut beseitigen.
Geizige Menschen jedoch können nicht davon profitieren.
Dir aber, Dschangmo Drenne, ist es möglich.

Durch großzügiges Weggeben von Besitz
verschafft man sich Proviant für spätere Leben.
Doch nicht alle Wohlhabenden können freigebig sein,
nur du, der Reiche von Ngen Dzong, bist fähig dazu.

72 Indischer Meister, der im Tushita-Himmel die fünf Belehrungen des Maitreya erhielt.

Ich, der Yogi Milarepa, mein Schüler Seban Repa
und du, der Reiche vom Tschen-Tal in Ngen Dzong,
haben sieben Tage lang diese Unterkunft geteilt.
Dies ist durch unsere Wunschgebete möglich geworden.
Nun bleiben wir nicht länger, sondern wandern weiter.
Du Haushälter, samt Frau und Dienern,
möget ihr lange leben und frei von Krankheit sein.«

So sang er und fügte hinzu: »Du hast mir Essen gegeben, ich habe dir das Dharma erklärt, und wir haben die Unterkunft geteilt; diese drei Dinge sind sehr bedeutungsvoll. Wenn jetzt das Interesse bei dir geweckt ist und du ein stetiges Vertrauen entwickelst, entsteht das Vertrauen im nächsten Leben von selbst. Eine Verbindung wird durch Wunschgebete hergestellt, es ist keine Frage von vielen Dharma-Unterweisungen und langem Zusammenleben.

Wenn ein Lama und das eigene Interesse zusammentreffen, auch wenn es nur für einen Augenblick ist, wird man sich kraft der Wunschgebete später wiedersehen. Aber dafür ist es wichtig, Vertrauen und aufrichtiges Bestreben zu haben. Weil die Menschen heutzutage kein Verdienst angesammelt haben, sehen sie die inneren Qualitäten in anderen Menschen nicht, auch wenn diese zahlreich sind. Ihre äußeren Fehler jedoch bemerken sie sofort, auch wenn diese nur geringfügig sind.

Jemand, der Hingabe besitzt, ist nie fern von mir. Je enger man zusammenlebt, desto mehr Auseinandersetzungen gibt es. Du kannst das Dharma jetzt nicht praktizieren, die Anlage dazu muss erst noch erweckt werden. Ich habe Wunschgebete für dich gesprochen. Auch du musst Gebete an mich richten und Hingabe entwickeln. Verlierst du dein jetziges starkes Vertrauen nicht, wirst du zweifellos im nächsten Leben an einem besonders guten Ort geboren werden und ansehnlichen Reichtum besitzen.

Wer das Dharma praktizieren möchte, braucht nicht viel im Lande umherzuwandern. Wenn man viele schlechte Dinge sieht, bekommt man wieder Zweifel über Dinge, die man eigentlich schon verstanden hatte. Für euch weltliche Menschen ist es besser, zu Hause zu bleiben. Da könnt ihr sehr gut Verdienst ansammeln, indem ihr den Bettlern ohne Zaudern Almosen gebt. Eine bessere Praxis als diese gibt es für euch nicht.

Mich könnt ihr nicht nachahmen. Der Fuchs bricht sich den Hals, wenn er wie ein Löwe springen will. Nur wenige Dharma-Schüler können so praktizieren wie ich. Doch verliert deshalb nicht euer Vertrauen, ihr Haushälter.«

Dann machte sich der Djetsün mit seinem Schüler wieder auf den Weg, um Almosen zu erbetteln.

Als sie zu einem Dorf kamen, in dem ein tantrischer Lehrer lebte, fragte sie dieser: »Wo seid ihr Yogis her? Ihr seht aus, als würdet ihr durch den Yoga des gleichen Geschmacks eure Sicht und Meditation vertiefen, sprecht!« Der Djetsün erwiderte: »Praktizierst du denn selbst die Sicht, Meditation und Handlungsweise? Wenn nicht, dann würdest du nichts von dem verstehen, was ich dir sage. Doch du könntest uns heute morgen etwas Verpflegung geben, um eine gute karmische Verbindung mit mir herzustellen.«

Der Mann entgegnete: »Ich kann euch gerne zum Essen einladen. Ich bin selber ein tantrischer Lehrer und kenne mich etwas mit diesen Dingen aus. Meiner Tradition gemäß praktiziere ich folgendermaßen«, und er erklärte ihnen ausführlich die Sicht, Meditation und Handlungsweise seiner Schule. »Stimmt dies mit eurer Tradition überein?«

Der Djetsün sprach: »Aus Angst vor dem samsarischen Kreislauf muss man seine weltlichen Beschäftigungen aufgeben und sich mit dem Wunsch, schnell Buddhaschaft zu erreichen, einem qualifizierten Lama anvertrauen. Dann muss man ohne Ablenkung alles genauso ausführen, wie dieser es anordnet. Andernfalls werden Sicht, Meditation und Handlungsweise zum Irrweg, da sie nur Wortspielerei mit gedruckten Buchstaben sind, durch die man sich Vorteile für dieses Leben verschaffen will«, und er sang ihm dieses Lied:

»Hör zu, großer Lehrer!
Wenn man seine weltlichen Beschäftigungen
nicht aufgegeben hat,

nicht zum Nutzen anderer arbeitet,
nicht die Einheit von Samsara und Nirvana verstanden hat
und nur die schwarzen Buchstaben in den Büchern liest,
wird dann nicht die unübertreffliche yogische Handlungsweise
des gleichen Geschmacks
im Strom der acht weltlichen Interessen fortgetragen?

Fällt dann nicht die Sicht der Einheit, frei von Begrenzungen,
in den Abgrund der vier Extreme?
Wird dann nicht die Meditation,
in der man nichts erzeugen soll,
vom Festhalten an Meditationserfahrungen in Fesseln gelegt?

Wird man dann nicht durch Begehren und Haften
um die tiefe Meditation des großen Glücks betrogen?
Wirst du dann nicht in der Begriffswelt gefesselt,
so dass du in Körper und Rede keinen Segen empfängst?

Verliert sich dein Gewahrsein dann nicht in den Erscheinungen,
anstatt dass du darüber meditierst, dass sie dein Lehrer sind?

Begeht man dann nicht den Fehler, die Symbole,
mittels derer das Vajrayana gelehrt wird, für sinnlos zu erklären?

Wird dann nicht der ursprünglich reine Geist
verfälscht und entstellt?

Tut man dann nicht, was man will,
ohne Erlaubnis von Seiten authentischer Lamas?

Wirst du dann nicht zum Werkzeug der Maras,
weil du Aktivitäten ausübst,
die nur auf Vorteile in diesem Leben abzielen?

Wenn man die Praxis von Sicht und Meditation

nicht mit dem Segen einer Praxislinie ausführt,
erliegt man den Verlockungen der Maras
und wird nie vom Kreislauf
in den niederen Daseinsbereichen befreit.
Stütze dich deshalb auf eine reine Übertragungslinie,
und praktiziere nicht nach eigenem Gutdünken.«

So sang er. Der Lehrer fasste tiefes Vertrauen: »Wie wahr, wirklich wunderbar!« rief er, verbeugte sich und setzte die Füße des Djetsün auf seinen Kopf, lud ihn zu sich ein, erwies ihm höchste Ehrerbietung und bat, als Schüler angenommen zu werden.

Da der Djetsün in ihm einen karmisch bestimmten Schüler erkannte, nahm er sich seiner an. Gemeinsam gingen sie zum Latschi-Massiv, wo der Djetsün ihm Ermächtigungen und Unterweisungen gab und auf den Weg der spirituellen Reifung und geistigen Befreiung führte. Er wurde einer der Herzensschüler des Djetsün, bekannt unter dem Namen Dschang Tschub Gyalpo, der Lehrer von Ngendzong.

Dies war die Geschichte vom Rohrstock und dem Treffen mit Ngendzong Tönpa in Tschong Lung.

Das Treffen mit Dampa Gyagpuwa

NAMO GURU. Als Djetsün Milarepa sich am Latschi-Schneemassiv aufhielt, erschien ihm eines Nachts im Traum ein hübsches Mädchen, das Schmuckstücke aus Knochen und Edelsteinen trug. »Yogi Milarepa, befolge die Anordnung deines Lamas; gehe zum Berg Tise und meditiere dort. Auf deinem Weg dorthin wirst du einen dir karmisch bestimmten Schüler treffen. Nimm dich seiner an«, sprach sie und verschwand. Als er erwachte, überlegte er: »Das war eine Prophezeiung und eine Aufforderung der Yidam-Dakini, die Güte des Lamas zu vergelten. Ich sollte unverzüglich aufbrechen.«

Auf dem Weg vom Latschi zum Tise, in Nyanang Gyagda, kam Dampa Gyagpuwa dem Djetsün entgegen und lud ihn zu sich ein. Er richtete ein großes Ganachakra-Fest aus und bat den Djetsün: »Bitte, singe uns anlässlich dieser Ganachakra-Versammlung ein Lied über deine meditativen Erfahrungen, das für alle Dharma-Praktizierenden nützlich ist.« Als Antwort sang der Djetsün dieses Lied über einundzwanzig geistige Qualitäten:

»Erstens habe ich die vorzüglichen Vajrayana-Methoden,
zweitens die vorzüglichen Unterweisungen des Lamas
und drittens vorzügliche Ausdauer in der Meditation;
dies sind drei vorzügliche Dinge, die ich besitze.

Erstens habe ich die Energiebewegungen verstanden,
zweitens die Natur des Geistes erkannt,
drittens Meisterschaft über den Geist erlangt;
das sind drei Dinge, die ich verstanden habe.

Erstens habe ich die Anordnungen des Lamas erfüllt,
zweitens das eigene Ziel erreicht,

drittens das Wohl für die anderen spontan verwirklicht;
das sind die drei Dinge, die ich vollendet habe.

Erstens haben sich die äußeren Dämonen aufgelöst,
zweitens haben sich die inneren gestörten Gefühle aufgelöst,
drittens haben sich die körperlichen Krankheiten aufgelöst;
das sind drei Dinge, die sich aufgelöst haben.

Erstens beherrsche ich die poetische Sprache,
zweitens bin ich bewandert im Beantworten von Fragen,
drittens bin ich mit der Natur des Geistes vertraut;
das sind drei Dinge, in denen ich mich auskenne.

Erstens sehe ich, wie unwirklich das Glück ist,
zweitens, dass Erscheinungen das unbehinderte Spiel des Geistes sind,
drittens, dass die Sichtweise jenseits von Worten ist;
das sind drei Dinge, die ich sehe.

Erstens sammeln sich Menschen um mich,
zweitens sammelt sich Reichtum an,
drittens scharen sich Dakinis um mich;
das sind drei Dinge, die sich um mich sammeln.

Dieses Lied über einundzwanzig unerlässliche Fähigkeiten
habe ich Yogi gesungen, wie es mir einfiel.
Sie sind wichtig für alle, die Dharma praktizieren,
und besonders wichtig für meine Schüler.

Diese geistigen Qualitäten sind schwer zu entwickeln,
deshalb ist es so schwierig, Befreiung zu erlangen.
Jetzt, wo ihr die Möglichkeit dazu habt,
müsst ihr das Dharma praktizieren –
wie schwierig es auch sein mag.«

So sang er. Dampa Gyagpuwa wurde als Schüler angenommen, erhielt Ermächtigungen und Unterweisungen und vervollkommnete durch seine Praxis die spirituellen Erfahrungen und Erkenntnisse. Er wurde einer der engsten Schüler des Djetsün, Töngom Repa genannt.

Dies war die Geschichte vom Treffen mit Dampa Gyagpuwa.

Das Treffen mit Khartschung Repa

NAMO GURU. So wie es ihm die Dakini aufgetragen hatte, ging der Djetsün Milarepa mit einigen Schülern weiter zum Berg Tise. Als sie am Lowo-See ankamen, stellte sich eine Meditationsschülerin krank und wollte nicht weitergehen. Da der Djetsün Tise nicht erreichen konnte, blieb er im oberen Lowo und lehrte das Dharma.

Mit Beginn der windigen Herbstzeit brach er erneut zum Berg Tise auf. Die Dharma-Schüler begleiteten ihn bis Kor Lathog. Dort machten sie viele Verbeugungen und umkreisten ihn. »Es ist ungewiss, ob wir uns je wiedertreffen, so singe uns bitte noch ein Lied«, baten sie. Der Djetsün antwortete mit diesem Lied über die Eigenschaften des Yogis:

»Ich bin allein,
ich bin ein tibetischer Yogi,
ich bin Milarepa.
Ich habe wenig studiert, doch meine Unterweisungen sind vorzüglich.
Weil ich das Leid des Samsara sehe, bin ich standfest
in meinem Wunsch nach Befreiung.
Ich schlafe wenig und bin sehr ausdauernd in der Meditation.

Eines verstehend, bin ich in allem bewandert;
alles verstehend, begreife ich, dass alles von einer Natur ist.
Ich bin vertraut mit dem wahren Sinn.
Trotz meiner kleinen Schlafstelle kann ich die Beine
bequem ausstrecken und anziehen;
trotz meiner dünnen Kleidung ist mein Körper warm;
obwohl ich wenig esse, fühlt sich mein Bauch gesättigt.

Ich bin das Vorbild aller großen Meditierenden,

zu dem die vertrauensvollen Schüler beten, um Verdienst
anzusammeln,
und der alle jene leitet, die sich vor Geburt und Tod fürchten.

Ich ziehe kein Land einem andern vor,
lebe an keinem bestimmten Ort,
und meine yogische Handlungsweise ist absichtslos.

Ich habe kein Verlangen nach materiellen Dingen,
es gibt keine reine und unreine Nahrung für mich,
und ich werde wenig von gestörten Gefühlen geplagt.

Ich habe wenig Selbstgefälligkeit,
wenig dualistisches Haften und Begierde,
und ich habe den Knoten gelöst, so dass ich nicht mehr leide.

Ich bin ein Tröster der Alten,
ein Spielgefährte der Kinder,
ein Yogi, der das ganze Königreich durchwandert.
Ihr Götter und Menschen, möget ihr gesund bleiben!«

So sang er. »Der Djetsün kann so handeln, aber wie sollen wir Schüler handeln?« fragten sie. Der Djetsün erwiderte: »Da alles vergänglich ist, praktiziert das Dharma!« Und er sang dieses Lied über die acht Beispiele der Vergänglichkeit:

»Ihr hier anwesenden, treuen Schüler,
praktiziert ihr wirklich das Buddhadharma?
Empfindet ihr tiefes Vertrauen?
Wenn ihr von ganzem Herzen das Buddhadharma praktizieren
möchtet
und unerschütterliches Vertrauen besitzt,
werden diese Beispiele aus der relativen Erscheinungswelt
euch etwas zeigen.
Fragt euch im eigenen Geiste nach ihrem Sinn.
Kennt ihr diese Beispiele aus der äußeren Erscheinungswelt?

Ich werde sie euch aufzählen:

Erstens, ein hübscher Blumenteppich im Flachland,
zweitens, türkisfarbene Blüten,
drittens, junge Hirsche in den Hochtälern,
viertens, junge Reispflanzen im unteren Tal,
fünftens, prächtiger Goldbrokat,
sechstens, ein wertvoller Edelstein,
siebtens, der drei Tage alte Mond,
achtens, ein kostbarer Menschensohn.

Sonst erkläre ich meine Lieder nicht;
doch wenn ich diesem Lied nichts hinzufügte,
würdet ihr die Bedeutung der Worte nicht verstehen;
deshalb erkläre ich nun ihren Sinn.

Der hübsche Blumenteppich im Flachland verblasst bei Nacht –
ein Beispiel für die illusorische Natur der Dinge,
die allesamt vergänglich sind.
Denkt darüber nach,
und praktiziert das Buddhadharma.

Die türkisfarbenen Blüten werden vom Frost zerstört –
ein Beispiel für die illusorische Natur der Dinge,
die allesamt vergänglich sind.
Denkt darüber nach,
und praktiziert das Buddhadharma.

Die jungen Hirsche in den Hochtälern
werden von Pfeilen getötet –
ein Beispiel für die illusorische Natur der Dinge,
die allesamt vergänglich sind.
Denkt darüber nach,
und praktiziert das Buddhadharma.

Die jungen Reispflanzen werden mit der Sichel gemäht –

ein Beispiel für die illusorische Natur der Dinge,
die allesamt vergänglich sind.
Denkt darüber nach,
und praktiziert das Buddhadharma.

Prächtiger Goldbrokat wird mit dem Meißel[73] zertrennt –
ein Beispiel für die illusorische Natur der Dinge,
die allesamt vergänglich sind.
Denkt darüber nach,
und praktiziert das Buddhadharma.

Ein wertvoller Edelstein, einmal gefunden, geht wieder verloren –
ein Beispiel für die illusorische Natur der Dinge,
die allesamt vergänglich sind.
Denkt darüber nach,
und praktiziert das Buddhadharma.

Der Mond geht auf und wieder unter –
ein Beispiel für die illusorische Natur der Dinge,
die allesamt vergänglich sind.
Denkt darüber nach,
und praktiziert das Buddhadharma.

Ein kostbarer Menschensohn wird nur geboren, um zu sterben –
ein Beispiel für die illusorische Natur der Dinge,
die allesamt vergänglich sind.
Denkt darüber nach,
und praktiziert das Buddhadharma.

Diese acht Beispiele sind wunderbar.
wendet euch besser der Praxis zu, meine Freunde,
denn weltliche Arbeit hat nie ein Ende.

73 Goldbrokat enthielt Fäden aus echtem Gold, die nur mit einem Meißel zertrennt werden konnten.

Legt sie nieder,
und praktiziert das Buddhadharma.

Während man glaubt, noch Zeit zu haben,
geht das Menschenleben zu Ende.
Wann der Tod kommt, ist ungewiss,
denkt daran,
und praktiziert das Buddhadharma.«

So sang er. Die Leute fassten Vertrauen, sie warfen sich vor ihm zu Boden und vergossen reichlich Tränen. Drei junge Männer erklärten: »Wir möchten dem Lama folgen, bitte gib uns Anweisungen.« Daraufhin sang der Djetsün dieses Lied über die zehn größten Schwierigkeiten:

»Dharma-Schüler, die nicht den Wunsch haben, anderen zu helfen,
können schwerlich Laien auf den rechten Weg führen.

Lehrer, die das Dharma nicht verinnerlicht haben,
können schwerlich Verdienste erwerben.

Meditierende, die keine Standfestigkeit haben,
können schwerlich die Wärmezeichen hervorbringen.

Mönche, die die Regeln der Disziplin nicht beachten,
wird man schwerlich achten und bedienen.

Tantrische Yogis, die sich nicht an ihren Vajra-Eid halten,
können schwerlich Segenskraft entwickeln.

Vom Geiz gefesselte Haushälter
können schwerlich einen guten Ruf erlangen.

Yogis, die alberne Scherze machen,
können schwerlich anderen helfen.

Schüler, die Ursache und Wirkung von Handlungen nicht bedenken,
können schwerlich die Offenheit begreifen.

Praktizierende, die das Dharma nicht zu Ende führen,
werden sich auch mit weltlichen Dingen schwertun.

Ihr geliebten Kinder besitzt zwar Vertrauen,
innere Freiheit aber ist sehr schwierig zu erlangen.
Jetzt glaubt ihr, dass ihr keine Zeit zum Praktizieren habt,
doch später werdet ihr es bereuen, meine Kinder.
Betet, dass wir uns noch einmal begegnen,
dann werden wir uns kraft unserer karmischen Verbindung wiedersehen.

Möge es euch Haushältern
durch die Wahrheit meiner Worte gut gehen,
bis wir uns wiedertreffen.

Möget ihr nicht krank werden und euch nicht verletzen,
mögen keine Hindernisse entstehen, die euer Leben verkürzen,
und mögen Vater und Kinder sich wiedersehen.
Ich, Yogi, durchwandere das Königreich, wie es mir beliebt;
ihr, geliebte Kinder, kehrt nun nach Hause zurück.«

So sang er. Weinend griffen die Leute nach dem Körper und der Kleidung des Djetsün, sprachen Gebete, setzten seine Füße auf ihre Köpfe, verbeugten sich, umkreisten ihn und gingen nach Hause. Nur ein Jüngling blieb zurück. Er flehte den Djetsün an, dem Lehrer und seinen Schülern zum Berg Tise folgen zu dürfen. Dort führte ihn der Djetsün durch Ermächtigungen und Unterweisungen auf den Weg der spirituellen Reife und der geistigen Befreiung. Er wurde einer seiner engsten Schüler, Khartschung Repa genannt.

Dies war die Geschichte über das Treffen mit Khartschung Repa in Kor Lathog.

Das Treffen mit Darma Wangtschug

NAMO GURU. Als der Djetsün Milarepa in der ersten Hälfte des letzten Herbstmonats mit seinen Schülern in Pu-hreng Kyithang ankam, waren dort viele Menschen versammelt.

Der Djetsün sprach zu ihnen: »Bitte, gebt uns Yogis etwas Essen.« Unter den Leuten war ein prächtig geschmücktes Mädchen mit blassblauer Körperfarbe, das sich genau erkundigte: »Yogi, wer bist du, wie heißen deine Eltern und Geschwister?« Als Antwort sang der Djetsün dieses Lied:

»Ich verbeuge mich vor den Lamas,
bitte gewährt mir euren Segen!

Mein einziger Vater ist Küntu Sangpo,
meine einzige Mutter Drowa Sangmo;
mein älterer Bruder heißt König des Wissens;
meine Tante heißt Leuchtende Fackel;
meine Schwester heißt Glänzendes Vertrauen;
als Freund habe ich das selbstexistierende Urbewusstsein;
als einzigen Sohn habe ich das Kind des Gewahrseins;
als Buch habe ich die Welt der Erscheinungen;
mein Pferd sind die Energien, auf denen das Bewusstsein reitet;
Wohltäter habe ich in den vier Provinzen von Zentraltibet;
ich selbst bin die Kleine Weiße Stupa.

Eigentlich gebe ich keine Erklärungen zu meinen Liedern,
doch diesmal muss ich den Sinn der Worte erklären.

Mein Vater, Küntu Sangpo,
gab mir Sichtweise und Meditation als Unterhalt,
so dass ich nie weltliche Wahrnehmungen erfuhr.

Meine Mutter, Drowa Sangmo,
ließ mich die Muttermilch der Unterweisungen trinken,
so dass meine Praxis nie an Hungersnot litt.

Mein älterer Bruder, König des Wissens,
gab mir das Schwert von Methode und Weisheit in die Hand,
so dass ich falsche Vorstellungen
über äußere und innere Phänomene durchschneiden konnte.

Meine Tante, Leuchtende Fackel,
zeigte mir, wie man den Spiegel des eigenen Geistes poliert,
so dass sich der Rost der Gewohnheiten nie ansetzen konnte.

Meine Schwester, Glänzendes Vertrauen,
löste meinen Knoten des Geizes.
Yogis haben zwar nie viel Besitz,
aber mit dem wenigen, was ich hatte, war ich nie knausrig.

Mein Freund, das selbstexistierende Urbewusstsein,
und ich sind unzertrennlich,
aber gestritten haben wir noch nie.

Mein einziger Sohn, Kind des Gewahrseins,
ist ein Stammhalter der Siegreichen;
Rotznasenkinder habe ich nie großgezogen.

Das Buch der Welt der Erscheinungen
ist der Lehrer, der mir Wissen vermittelt;
Bücher mit schwarzen Buchstaben habe ich nie gelesen.

Mein Pferd sind die Energien, auf denen das Bewusstsein reitet;
es bringt mich, wohin ich will;
ein Pferd aus Fleisch und Blut habe ich nie geritten.

Die Wohltäter in den vier Provinzen von Zentraltibet
verpflegen mich zur rechten Zeit;

sie haben den Tsampa-Sack nie zugehalten.

Opfergaben bringe ich den Drei Juwelen dar,
Stütze ist mir der Lama,
weiß ist mein Dharma,
klein sind meine gestörten Gefühle;
deshalb bin ich die Kleine Weiße Stupa[74].«

So sang er. Das Mädchen fragte: »Das ist wirklich wundervoll, aber hast du, abgesehen von diesen Dingen, keine Gefährtin, keine Söhne und keinen Besitz in der samsarischen Welt?« Darauf antwortete er mit diesem Lied:

»Als ich diesen Daseinskreislauf betrachtete,
erschien er auf den ersten Blick angenehm.
Später ließ ich mich von den Erscheinungen
an der Nase herumführen;
schließlich begriff ich, dass er ein teuflischer Kerker ist.
Deshalb habe ich dem Samsara entsagt.

Betrachte ich eine Gefährtin,
erscheint sie zuerst als lächelnde Göttin,
später wird sie zum wütenden Weib,
am Schluss ist sie eine Dämonin, die mir schadet,
wenn ich sie nicht unterwerfe.
Deswegen habe ich auf eine Lebensgefährtin verzichtet.

Schaue ich mir als nächstes Söhne an,
so sind sie zuerst lächelnde Götterkinder,
später lieblose Nachbarn
und schließlich Feinde, die dir das Leben schwermachen.
Deshalb habe ich auf Kinder verzichtet.

Betrachte ich Besitz,

74 Stupa, Tib. *mchod rten.* Wörtlich: Stütze für Opfergaben.

so ist er anfangs eine kostbare Sache,
danach wird er unentbehrlich,
und schließlich passiert dasselbe damit
wie mit dem Honig der Bienen.
Deshalb interessiert mich materieller Besitz nicht.

Überlegt euch das, und praktiziert die Lehre des Buddha.
denkt ans Dharma, und seid freigebig,
handelt so, dass ihr zur Sterbestunde nichts bereuen braucht.«

So sang er. Das Mädchen fasste Vertrauen, lud den Djetsün und seine Schüler ein und bewirtete sie großzügig. Nachdem sie Dharma-Unterweisungen erhalten hatte, meditierte sie und erreichte den Anfang des spirituellen Weges.

Später, als der Djetsün mit seinen Schülern am Dretse-Massiv weilte, besuchten ihn viele Dharma-Praktizierende.

Unter ihnen war ein Jüngling aus adligem Geschlecht, der tiefstes Vertrauen zum Djetsün fasste und ihn bat: »Alles, was der Lama tut, ist wahrlich wunderbar. Bitte, gib uns eine Praxis, die wir bei allem, was wir tun, ausüben können.« Als Antwort sang der Djetsün dieses Lied:

»Vertrauensvolle Anhänger des Dharma, die ihr hier versammelt seid;
betrachtet beim Gehen alle Erscheinungen als Praxis;
dann befreien sich die sechs Wahrnehmungen von selbst.

Verweilt beim Sitzen in der ungeschaffenen, wahren Natur;
das ist die essentielle, wahre Art zu sitzen.

Ruht beim Liegen in der Erfahrung der Gleichheit;
auf diese Weise liegt ihr in strahlender Klarheit.

Esst eure Nahrung in der Erfahrung der Offenheit;
bei dieser Art des Essens ist dualistisches Haften abwesend.

Nehmt beim Trinken das Wasser von Methode und Weisheit zu euch;
bei dieser Art des Trinkens wird die Praxis nicht unterbrochen.

Betrachtet den Geist, wenn ihr geht, steht, liegt und sitzt.
bei dieser Praxis gibt es weder Meditationssitzungen noch Pausen.«

So sang er. Darauf erklärten sie: »Unser Problem ist, dass wir nicht so wie du praktizieren können. Wir wären froh, wenn wir es könnten.« Der Djetsün entgegnete: »Wenn ihr sagt, ›ich kann nicht‹, beweist es nur, dass ihr unfähig seid, geistig loszulassen. Wer loslässt, kann diese Praxis auch ausüben. Es hat folgende Vorteile, wenn man so praktiziert«, und er sang dieses Lied:

»Wohlan, ihr glücklichen Anhänger des Dharma;
in der Vase des zusammengesetzten Körpers
befindet sich der gleichzeitig existierende göttliche Körper.
Könnte man die Fackel der strahlenden Klarheit hochhalten,
würde mit Sicherheit alles Äußere und Innere vom Dharmakaya erhellt.

Im samsarischen Nest der Begriffe
liegt das Garuda-Küken des Erleuchtungsgeistes.
Könnte man die Schwingen von Methode und Weisheit ausbreiten,
würde man mit Sicherheit im Himmelsraum der Allwissenheit fliegen.

Im vorzüglichen Schneegebirge des eigenen Körpers
wohnt das Löwenjunge des Bewusstseins.
Könnte man ohne Anhaften an die sechs Wahrnehmungen meditieren,
wäre man gewiss Herr über Samsara und Nirvana.

Im samsarischen Ozean der Unwissenheit

treiben die kleinen Handelsleute der sechs samsarischen
Daseinsformen.
Wären sie niemals vom Boot der drei Buddha-Körper getrennt,
würden sie mit Sicherheit den Wogen des Leidens entkommen.

Im Hause der von den fünf Geistesgiften geprägten Gedanken
befindet sich der Dieb, der die Befreiung raubt.
Könnte man ihn mit geeigneten Methoden fesseln,
würde man mit Sicherheit dem furchterregenden Schlachtfeld
entkommen.

Im himmelsgleichen Dharmakaya
liegt der Wunschjuwel, der alle Wünsche und Bedürfnisse
erfüllt.
Könnte man ohne Ablenkung meditieren,
würde man mit Sicherheit die Frucht der drei Buddha-Körper
ernten.

In der Ortschaft der drei samsarischen Bereiche
lauern die Fesseln, welche die Wesen an die sechs
Daseinsbereiche binden.
Könnten die Wesen sie mittels der Methoden abstreifen,
die ihnen der Lama gibt,
würden sie sich mit Sicherheit vom Daseinskreislauf befreien.

Der juwelengleiche Lama
ist die Quelle der authentischen Unterweisungen.
Könnte man mit unermüdlichem Vertrauen daraus trinken,
wäre all unser quälender Durst gestillt.«

So sang er. Voller Vertrauen gingen die Dharma-Praktizierenden nach Hause. Besonders der junge Adlige dachte: »Es gibt keinen anderen Weg – ich muss diesem Lama folgen und die Lehre praktizieren.«

Während der Djetsün und seine Schüler ihre Praxis vertieften, wurden sie von vielen Menschen und nichtmenschlichen Wesen versorgt. Als mit dem letzten Frühlingsmonat die Zeit gekommen war, zum Berg Tise aufzubrechen, wurden sie von denselben Dharma-Praktizierenden in ihr Heimatland eingeladen, wo sie ein umfangreiches Ganachakra-Fest veranstalteten. In der Ganachakra-Versammlung erklärte jener Adlige, der so starkes Vertrauen zum Djetsün gefasst hatte: »Verehrter Lama, als Dharma-Praktizierender verstehst du die Sicht, Meditation, Handlungsweise und Frucht. Bitte, gib uns eine Unterweisung, die auf deinen persönlichen meditativen Erfahrungen beruht und auf der Überzeugung, die du daraus gewonnen hast.« Der Djetsün antwortete mit diesem Lied:

»Versteht man die Sichtweise, die wahre Natur aller Dinge,
löst sich die dualistische Wahrnehmung,
in der alles getrennt erscheint, von selber auf.
Da man, in dieser Sichtweise verweilend, frei von Fixierung ist,
gibt es keinerlei Unterschied mehr zwischen einem selbst und anderen.

Meditiert man in der richtigen Weise,
löst sich die dualistische Wahrnehmung
von Tugend und Sünde von selber auf.
Da sich alle Erfahrungen in der Meditation auflösen,
gibt es keinerlei Unterschied mehr zwischen Glück und Leid.

Praktiziert man die yogische Handlungsweise,
löst sich die dualistische Wahrnehmung
von Freund und Feind von selber auf.
Da diese yogische Handlungsweise frei von Anhaften ist,
gibt es keinerlei Anziehung und Abneigung mehr.

Erfährt man die Frucht, die Selbstbefreiung aller Dinge,
löst sich die dualistische Wahrnehmung
von Samsara und Nirvana von selber auf.
Da diese Frucht frei von Hoffnung und Furcht ist,

gibt es keinerlei Anstreben und Verwerfen mehr.«

So sang er. »Verehrter Lama«, fuhr der Jüngling fort, »ich möchte unbedingt das Dharma praktizieren, aber ich kann meine Eltern nicht im Stich lassen. Sollten meine Eltern es jedoch erlauben, bitte ich den Lama, mich als Schüler anzunehmen.« Darauf erwiderte der Djetsün: »Man muss sich eigenständig entschließen, das Dharma zu praktizieren, indem man über die Nachteile des Daseinskreislaufs nachdenkt, und darf sich nicht von anderen beeinflussen lassen, sonst wird die Praxis nicht gelingen«, und er sang dieses Lied:

»Wie sollen jene, die mit Vertrauen die Lehre des Buddha praktizieren möchten,
die Fesseln der Beeinflussbarkeit durchschneiden,
wenn sie sich nach der Meinung anderer Menschen richten?

Wie können sie frei von Haften betteln gehen,
wenn sie das Dharma praktizieren, damit andere sie verehren?

Wie wollen sie Genügsamkeit in ihren Bedürfnissen entwickeln,
wenn sie Besitz ansammeln?

Wie wollen sie das Unaussprechliche verstehen,
wenn sie sich ständig in abstrakten Begriffen ausdrücken?

Wie können sie Bücher schreiben,
wenn sie den einen Sinn, der ohne Gleichnis ist, nicht verstehen?

Wie sollen sie verstehen, dass ungünstige Umstände hilfreich sind,
wenn sie Leiden vermeiden möchten?

Wie wollen sie Leiden in die Praxis integrieren,
wenn sie mit allen Mitteln dagegen ankämpfen?

Wie können sie verstehen,
dass die Gedanken von der Natur des Dharmakaya sind,
wenn sie versuchen, Gedanken zu unterdrücken?

Wie wollen sie alles Tun und Denken hinter sich lassen,
wenn sie sich alle Wünsche erfüllen?

Wie können sie, frei von Haften, alles Tun aufgeben,
wenn sie ständig Pläne schmieden?

Wenn sie jetzt nicht aufhören zu planen,
wie wollen sie jemals mit der Arbeit fertig werden?

Wenn sie sich nicht auf der Stelle kraftvoll befreien,
wie wollen sie sich später langsam befreien?

Wenn sie sich nicht bemühen, jetzt ihren Geist im Dharma
zu üben,
wie können sie hoffen, dass es von selbst geschieht?

Wenn sie jetzt keinen Entschluss fassen,
wie können sie glauben, dass sie es später tun?

Wenn sie jetzt nicht zum Kern der Sache kommen,
wie können sie hoffen, dass sie es später tun?«

So sang er. Die Worte überzeugten den Jüngling, er entschloss sich zur Dharma-Praxis und erhielt auch die Erlaubnis seiner Eltern. Er folgte dem Djetsün als Schüler und bekam Ermächtigungen und Unterweisungen, die ihn zu spiritueller Reife und geistiger Befreiung führten. Er wurde einer der engsten Schüler, Dschogom Repa Darma Wangtschug genannt.

Dies war die Geschichte vom Treffen mit Darma Wangtschug in Pu-hreng.

Wie Naro Bön-tschung am Berg Tise besiegt wurde

NAMO GURU. Als der Djetsün Milarepa mit einer großen Anzahl Schüler von Pu-hreng aus zum Berg Tise unterwegs war, empfingen ihn in Lathog alle Ortsgeister des Berges Tise und des Mapham-Sees. Sie verbeugten sich vor dem Djetsün, brachten wunderbare Opfergaben dar und boten ihm und seiner Überlieferungslinie den Berg Tise und den Mapham-See als Meditationsplatz an. Sie versprachen, Milarepas Linienhalter zu beschützen und kehrten zu ihren eigenen Wohnorten zurück.

Als der Djetsün und seine Schüler das Ufer des Mapham-Sees erreichten, wurden sie auch von Naro Bön-tschung und seinen Geschwistern empfangen. Diese hatten von dem berühmten Djetsün und seinen Schülern gehört und vernommen, dass sie zum Berg Tise unterwegs waren. Obwohl Naro Bön-tschung den Djetsün und seine Schüler erkannte, tat er so, als wüsste er nicht, wer sie seien: »Wo kommt ihr her, wo geht ihr hin?«

»Wir kommen vom Latschi-Bergmassiv und wollen jetzt hier am Berg Tise meditieren«, erwiderte der Djetsün.

»Wie heißt du?« fuhr er fort.

»Ich heiße Milarepa«, entgegnete der Djetsün.

Darauf erklärte er: »Dann bist du wie der Berg Tise und der Mapham-See – berühmt nur aus der Ferne, aber im Grunde nichts Besonderes. Ganz gleich, wie berühmt du bist, über diesen Berg hier gebiete ich, der Bönpo! Wer hier lebt, muss meiner Bön-Tradition folgen!«

Der Djetsün entgegnete: »Der Buddha hat prophezeit, dass dieser Berg für die Anhänger der buddhistischen Lehre bestimmt ist, und besonders mir, Milarepa, wurde von Marpa prophezeit, dass es mein Platz sein wird. Bis jetzt habt ihr Bönpos hier in Ruhe leben können. Doch wenn ihr jetzt weiter hier bleiben wollt, müsst ihr meiner buddhistischen Dharma-Tradition folgen; tut ihr es nicht, dann geht woanders hin.«

Der Bönpo sagte: »Du hast eins gemeinsam mit dem Berg – von weitem sehr berühmt, doch eigentlich nicht besonders bemerkenswert. Wenn du so außergewöhnlich bist, dann lass uns einen Wettstreit in magischen Kräften abhalten. Wer siegt, gebietet über diesen Ort.« Dann setzte er je einen Fuß an das hiesige und an das andere Ufer des Mapham-Sees und fuhr fort:

»Der Berg Tise ist zwar sehr berühmt,
aber er ist nur ein Berg mit schneebedecktem Gipfel.
Der türkisfarbene Mapham-See ist zwar sehr berühmt,
aber er ist nur die Quelle einiger kleinerer Flüsse.
Milarepa ist zwar sehr berühmt,
aber er ist nur ein alter Mann, der nackt schläft,
Liedchen singt und einen Stab in der Hand hält.
Es ist nichts Bewundernswertes an ihm!

Wir Bönpos haben den ewigen Swastika-Körper,
besitzen die Gottheiten Yeschen Tsugpü
und den zornvollen Bluttrinker,
mit neun Köpfen und achtzehn Armen,
sowie dessen Ausstrahlungskörper Gekö,
neunköpfig, mit zahlreichen magischen Kräften.
Seine Schwester ist Sigyalma, die Gebieterin der Welt.
Ich bin ihr Anhänger Bön-tschung,
wenn ich magische Kräfte zur Schau stelle, dann solche!«

Daraufhin setzte sich der Djetsün auf den Mapham-See und deckte ihn völlig ab, ohne dass der See kleiner oder des Djetsüns Körper größer geworden wäre, und antwortete mit diesem Lied:

»Hört zu, ihr Götter und Menschen!
Auf dem Geierhügel in Magadha,
auf dem Thron der acht Furchtlosigkeiten
sitzt der Buddha Shakyamuni.

Er ist untrennbar vom Urbewusstsein
des großen sechsten Vajradhara,
der mit der göttlichen Mutter Damema
im Dharmadhatu von Akanishta
die innewohnende, letztendliche Wirklichkeit verkörpert.

Ihren Segen erhielt ich
durch den Ausstrahlungskörper Tilopa,
den großen Gelehrten Naropa, den Torwächter,
und Buddha Marpa, den Übersetzer.

Ich, mit dem berühmten Namen Milarepa,
will hier am Berg Tise meditieren,
um die Anweisung des Marpa von Lhodrag zu erfüllen.

Zum eigenen Nutzen und dem der anderen
antworte ich mit diesem Lied auf deine Worte,
du Bönpo mit falscher Sichtweise.

Berühmt ist der Schneeberg Tise.
Sein schneebedeckter Gipfel
zeigt die Reinheit der Lehre Buddhas.

Berühmt ist der türkisfarbene Mapham-See.
Seine Quelle, aus der Flüsse entspringen,
zeigt, dass alle Phänomene untrennbar vom Absoluten sind.

Berühmt bin ich, Milarepa,
ein alter Mann, der nackt schläft;
damit zeigt er, dass er die Hülle dualistischen Haftens
abgestreift hat.

Er singt kleine Lieder,
in denen er zeigt, dass Erscheinungen wie ein Buch
für ihn sind.
Der Stab in seiner Hand

zeigt, dass er den Ozean des Samsara überquert hat.

Da ich Kontrolle über Erscheinungen und Geist besitze,
kann ich verschiedene Wunder vollbringen,
ohne dabei von weltlichen Göttern abhängig zu sein.

Über Tise, den König der Berge Jambudvipas,
gebieten alle Buddhisten,
und insbesondere Milarepa und seine Linienhalter.

Ihr Bönpos habt eine falsche Sichtweise;
würdet ihr das wahre Dharma praktizieren, wäre es für alle nützlich.
Sonst müsst ihr an einem anderen Ort leben,
denn meine magischen Wunderkräfte sind größer –
schau sie dir nur an!«

So sang er und nahm den Mapham-See auf seine Fingerspitzen, ohne den Tieren im Wasser zu schaden.

Naro Bön-tschung gab zu: »Dieses Mal ist deine Magie etwas besser als meine. Aber ich war früher hier als du, somit sind wir jetzt quitt. Nun lass uns weiter Wettstreiten und sehen, wessen Macht größer ist.«

»Ich messe mich nicht in Magie mit einem Gaukler, der sich mit Zaubermitteln einschmiert, um äußere Illusionen erzeugen zu können. Wenn du meine Dharma-Lehre nicht praktizieren willst, suche dir eine andere Bleibe«, entgegnete der Djetsün.

»Ich werde die Swastika-Bön nicht aufgeben! Aber falls du bei unserem Wunderwettstreit siegreich sein solltest, bin ich bereit zu gehen. Ansonsten lasse ich mich von euch Buddhisten nicht vertreiben, es sei denn, ihr würdet mich prügeln und umbringen, doch dies verbietet euch euer Dharma-Gelübde. Euch bleibt nur der Wettstreit, denn sonst gehe ich nicht«, verkündete er und umwanderte den Berg Tise gemäß der Bön-Tradition im Gegenuhrzeigersinn. Der Djetsün mit seinen Schülern dagegen machte die buddhistische Umwanderung im Uhrzeigersinn. Im Nordosten des Berges Tise, im Dzong-Tal, trafen sie sich bei einem riesigen Felsen.

»Es ist gut, dass ihr Kora macht, aber geht jetzt in meiner Richtung weiter«, meinte der Bönpo und versuchte den Djetsün an der Hand mitzuziehen.

»Ich betrete nicht den falschen Weg, indem ich Kora in der verkehrten Richtung mache. Ich befolge keine falschen Sitten. Aber du, komm doch mit mir auf buddhistische Kora«, entgegnete der Djetsün und ergriff die Hand des Bönpo. Als sie sich so hin- und herzerrten, sanken beider Fußabdrücke im Felsen ein. Aufgrund der machtvolleren Praxis des Djetsün konnte er schließlich den Bönpo auf die buddhistische Kora mitführen. Im Norden, auf der Rückseite des Berges Tise angelangt, sagte dieser: »Später müssen wir auch noch die Bön-Kora machen.«

»Das hängt von deiner Macht ab«, entgegnete der Djetsün.

»Dieses Mal scheint deine Macht größer gewesen zu sein, aber wir sollten noch einmal unsere athletischen Kräfte messen«, sagte der Bönpo und stemmte einen Felsbrocken von der Größe eines Yaks auf einen anderen Felsbrocken. Der Djetsün setzte daraufhin einen doppelt so großen Felsen auf den des Bönpo. Dieser musste abermals zugeben: »Dieses Mal hast du gewonnen. Aber mit ein oder zwei Siegen ist man noch kein Gewinner. Lass uns noch einmal unsere Kräfte messen.«

»Die Sterne können zwar versuchen, mit dem Licht von Sonne und Mond zu rivalisieren, doch das Dunkel der vier Kontinente wird von Sonne und Mond erhellt. Du und ich, wir können zwar unsere Kräfte messen, aber du bist mir nicht ebenbürtig; deshalb gebiete ich über den Berg Tise. Doch damit du zufrieden bist und damit alle die Überlegenheit meiner buddhistischen Praxislinie sehen, darf ich magische Wunder zeigen.«

Als der Djetsün dann in der Lotushöhle im Dzong-Tal westlich des Berges Tise lebte und der Bönpo östlich davon, streckte der Djetsün von der Westseite des Berges seine Beine bis zum Felsen vor der Einsiedelei des Bönpo aus, hinterließ dort seine Fußabdrücke und forderte ihn auf, es ihm gleichzutun. Der Bönpo streckte nun seine

Beine gen Westen aus, kam aber nicht weiter als bis zum Bachufer, worauf im Himmel das schallende Gelächter der nichtmenschlichen Wesen ertönte.

Obwohl der Bönpo ein wenig beschämt war, wollte er weiter in Magie wetteifern und ging auf Bön-Kora, während der Djetsün stets buddhistische Kora machte.

Als sie sich im Süden des Berges Tise wiedertrafen, fiel Regen. »Wir brauchen einen Unterschlupf vor dem Regen«, sagte der Djetsün, »willst du die Wände errichten oder das Dach decken?«

»Errichte du die Wände, ich decke das Dach«, gab der Bönpo zurück.

»Gut, dann spalte den Felsen da drüben«, sagte der Djetsün und deutete auf einen gewaltigen, dreimannshohen Felsbrocken.

»Mach ich«, entgegnete der Bönpo. Als der Djetsün die Grundmauern errichtet hatte, schaute er nach dem Bönpo. Dieser hatte gerade ein Felsstück von der Größe eines achtjährigen Kindes abgespalten. Mit einem magischen Kraftblick und einer Geste der Hand zerbrach der Djetsün die Felsplatte in der Mitte. »Nun bring sie her«, rief er.

»Du hast sie zerbrochen«, entgegnete der Bönpo.

»Bei einem Magiewettstreit ist nichts unerlaubt; aber gut, ich lasse dich jetzt den Felsen spalten und werde den Kraftblick des Brechens nicht mehr machen. Spalte ihn und bring ihn her«, sagte der Djetsün.

Von neuem spaltete der Bönpo einen Felsen; als er ihn gerade hochheben wollte, machte der Djetsün den Kraftblick des Nicht-Tragen-Könnens. Da sagte der Bönpo: »Ich habe ihn gespalten, nun trag du ihn.«

»Ich habe die Grundmauern errichtet, du legst das Dach darauf. Sieh, ob du ihn selber tragen kannst, und bring ihn her«, entgegnete der Djetsün. Erneut versuchte der Bönpo, den Stein hochzuheben, aber obwohl ihm dabei vor Anstrengung die Augen heraustraten, schaffte er es nicht.

Da erklärte der Djetsün: »Ich bin ein Yogi, der beide Siddhis erlangt hat, das höchste und die gewöhnlichen. Mit deinen weltlichen magischen Kräften kannst du es nicht mit meiner Macht und magischen Kraft aufnehmen. Hätte ich dich mit meinem Kraftblick beherrscht, hättest du nicht einmal den Felsen spalten können. Da ich keinen magischen Kraftblick machte, konntest du den Felsen spalten – darin bist du anderen Menschen überlegen. Ich gehe die Sache jetzt so an«, und er hob den Stein mit einer Hand und legte ihn auf die Grundmauern. Dabei entstand in dem Felsgestein ein Handabdruck. »Es ist zu hoch«, erklärte er und drückte von oben, so dass ein Fußabdruck entstand. »Jetzt ist es zu niedrig«, sagte er und drückte ihn von unten hoch, so dass sich sein Kopf und seine Hände abdrückten. Dieser Ort wurde von da an Wunderhöhle genannt. Da räumte der Bönpo ein, dass der Djetsün gewonnen hatte.

Danach maßen der Djetsün und Naro Bön-tschung noch viele Male ihre magischen Kräfte, doch die Taten des Djetsün waren stets großartiger. Am Ende sagte Naro Bön-tschung: »Mich nennst du einen Gaukler, doch aus meiner Sicht bist du der Gaukler. Ich traue deinen magischen Kunststücken nicht. Über den Berg Tise soll gebieten, wer an diesem Vollmond schneller auf dem Gipfel des Berges Tise ankommt! Dann sehen wir auch, wer von uns beiden das höchste Siddhi erreicht hat!«

Der Djetsün entgegnete: »Das können wir tun! Aber wie bedauerlich, dass du die unsteten Wahrnehmungen und Erfahrungen für das höchste Siddhi hältst. Wenn man das höchste Siddhi erlangen will, muss man die Natur des Geistes verstehen, und um diese zu verstehen, muss man den Lehren meiner Praxislinie folgen und sie praktizieren.«

»Was ist der Unterschied zwischen deinem und meinem Geist – ist deiner etwa gut und meiner schlecht? Was unterscheidet Bön vom Buddhismus? Obgleich unsere Praxis ebenbürtig ist, warst du mir in kleinen Zaubereien und magischen Kunststücken bisher überlegen. Doch jetzt wird sich die Sache entscheiden, indem wir sehen, wer schneller auf dem Gipfel des Berges Tise ankommt«, sagte der Bönpo. Der Djetsün war damit einverstanden. Es heißt, dass Naro Bön-tschung von diesem Zeitpunkt an unablässig zu seiner Gottheit betete, während der Djetsün sich wie immer verhielt.

Im Morgengrauen des Vollmondtages zog Naro Bön-tschung einen grünen Mantel an, erhob sich auf einer Trommel reitend gen Himmel und schlug dabei seine Bön-Trommel. Alle Schüler des Djetsün sahen es, nur der Djetsün schlief. Retschungpa ging zu ihm: »Verehrter Djetsün, Naro Bön-tschung ist frühmorgens auf seiner Trommel reitend emporgeflogen, er hat schon die Mitte des Berges Tise erreicht. Möchte der Djetsün weiterschlafen und diesen Platz den Bönpos überlassen?« So drängten er und die anderen Schüler.

Der Djetsün machte seinen magischen Kraftblick und sagte: »Nun passt auf!« Sie blickten empor und sahen, dass der Bönpo nicht höher aufsteigen konnte, sondern im Kreise flog. Kurz bevor die Sonne aufging, schnippte der große Djetsün mit den Fingern, breitete seinen Baumwollschal wie Flügel aus und flog davon. Im Handumdrehen erreichte er den Gipfel des Berges Tise, gerade als die Sonne aufging, und nahm die glückselig strahlenden Lamas seiner Überlieferungslinie sowie die Chakrasamvara-Gottheit mit ihrem Gefolge wahr. Während er in der Natur der Gleichheit weilte, erfüllte ihn höchste Freude.

Nun erschien auch Naro Bön-tschung am Hang unterhalb des Tise-Gipfels. Er konnte den Glanz des von Milarepa ausgehenden Mitgefühls nicht ertragen, fiel vom Himmel herab, und seine Trommel rollte den Südhang des Tise hinunter. Sein Stolz und seine Arroganz waren gebrochen. Demütig erklärte er: »Nun, deine magische Kraft war gewaltiger; der Berg Tise gehört dir. Ich möchte aber wenigstens irgendwo leben, wo ich diesen Ort sehen kann.«

»Mit Hilfe weltlicher Götter hast du zwar ein paar gewöhnliche magische Fähigkeiten entwickelt, ich aber habe das selbstexistierende Urbewusstsein verwirklicht und dadurch das höchste Siddhi erlangt. Deshalb kannst du dich mit mir nicht messen, das habe ich dir gleich gesagt. Dort oben auf der Vajra-Mauer des Tise-Gipfels ist die Residenz der Weisheitsgottheit Chakrasamvara; du hättest ohnehin keine Möglichkeit gehabt, dorthin zu gelangen. Ich konnte das, weil ich die siegreichen, höchsten Buddhas um Erlaubnis bat und weil ich die Überlegenheit unserer buddhistischen Lehre zeigen wollte. Um deinen Stolz zu brechen, ließ ich dich vom Himmel fallen und deine Trommel hinunterrollen. Selbst zum Fuße des Berges kannst du jetzt nur noch durch meine Macht gelangen. Hör gut zu, warum ich solche Fähigkeiten besitze!« entgegnete der Djetsün und sang dieses Lied:

»Ich verbeuge mich zu Füßen des gütigen Marpa!
Durch den Segen des Übersetzers Marpa
und durch das Mitgefühl der höchsten Buddhas
habe ich, der tibetische Repa-Yogi,
hier am Tise, dem König der Berge Jambudvipas,
mit Hilfe meiner gigantischen magischen Kräfte
die Lehre der Bönpos besiegt.
Ich habe die buddhistische Lehre der Praxislinie erstrahlen lassen,
so wie einst der Buddha Shakyamuni
in der großen Stadt Shravasti
die sechs häretischen Lehrer
samt ihren Anhängern mit seinem Dharma besiegte
und die buddhistische Lehre verbreitete.

Dass der Yogi Milarepa
diese Macht besitzt, hat viele Gründe:

Da ich einer Übertragungslinie angehöre,
erhielt ich deren segensreiche Kraft,
die Kraft des Vajradhara.

Da ich alle Unterweisungen über Weisheit und Liebe besitze,
erhielt ich die Kraft des Wurzel-Lamas,
die Kraft des Übersetzers Marpa.

Indem ich extreme Anschauungen vermied und erkannte,
was jenseits des Verstandes liegt,
erlangte ich die Kraft der Sichtweise,
die Kraft der ursprünglichen Reinheit.

Indem ich unzerstreut und frei von Vorstellungen blieb,

erlangte ich die Kraft der Meditation,
die Kraft der großen strahlenden Klarheit.

Indem ich übte, alles Erscheinende gelassen zu nehmen,
erlangte ich die Kraft der yogischen Handlungsweise,
die Kraft der spontanen Gelassenheit.

Indem ich die letztendliche Natur erkannte,
erlangte ich die Kraft der Frucht,
die Kraft, dass sich alles von selbst befreit.

Indem ich die Anordnungen des Lamas befolgte,
erlangte ich die Kraft der Vajra-Gelübde,
die Kraft des Freiseins von verderblichen Handlungen.

Indem ich alle schlechten Umstände in meine Meditation
integrierte,
erlangte ich die Kraft der Praxis,
die Kraft, durch die alle Erscheinungen hilfreich sind.

Indem ich den Weg der Askese standfest zu Ende ging,
entwickelte ich die yogische Kraft.
So erlangte Milarepa seine Kraft.

Mit dieser Kraft vernichte ich falsche Lehren
und beherrsche das weiße Schneemassiv des Tise.
So wird sich hier die Lehre des wahren Dharma ausbreiten.
Dies ist der Segen der höchsten Buddhas.
Zu euch Weisheitsgottheiten bete ich und bringe Opfergaben
dar.«

So sang er. Der Bönpo sagte: »Deine magischen Kräfte haben mich überzeugt, sie sind großartig. Du weißt sicher einen Platz, wo ich leben und diesen Ort sehen kann.« »Lebe dort drüben«, antwortete der Djetsün und warf einen Schneeball auf den Gipfel des Tagle-Berges im Osten. Von da an blieb dort immer ein wenig Schnee liegen. Dann gingen beide durch des Djetsüns Macht zum Fuße des Berges Tise. Hier sagte der Bönpo: »Manchmal möchte ich am Tise Kora machen. Du weißt sicher einen Ort, wo ich dann leben kann.«

»Wenn du deine Koras machst, dann lebe dort«, antwortete der Djetsün und bewilligte ihm einen Platz am Fuße des Berges Tise. Dieser Ort, Tschöten Khongseng, wurde so beliebt bei den Bönpos, dass sie alle dort haltmachten, wenn sie den Berg Tise umwanderten. Die Schüler aus Milarepas Linie aber geboten fortan über das Schneemassiv und die beiden Seen.

Dies war die Geschichte vom Sieg über Naro Bön-tschung am Tise-Schneemassiv.

Glossar

Die Erklärungen in diesem Glossar beziehen sich auf diesen Text und können in einem anderen Kontext anders lauten.

Acht weltliche Interessen, Tib. *rjig rten chos brgyad:* Das Interesse, Verlust, Tadel, Leid und Schmach zu vermeiden und Gewinn, Lob, Glück und Ruhm zu erlangen.

Akanishta, Tib. *'og min:* Das höchste Buddhafeld.

Bardo, Tib. *bar do:* Zwischenzustand; das Wort wird hauptsächlich für den Nachtodzustand benutzt. Es gibt aber auch andere Bardos, wie das Bardo des Traumes, Tib. *rmi lam bar do;* das Bardo vor der Wiedergeburt, Tib. *srid pa bar do;* das Bardo des Lebens, Tib. *skes shi bar do,* d. h. der Abschnitt von der Geburt bis zum Tod.

Basis oder **Urgrund**, Tib. *bzhi:* Der erleuchtete Geist, der ohne Unterschied allen Lebewesen innewohnt und drei untrennbare Aspekte hat: Sein Wesen ist Bewusstheit, seine Natur ist Offenheit, und seine Eigenschaft ist Klarheit. Es gibt keine von der Offenheit getrennte Bewusstheit und Klarheit. Es gibt keine von der Klarheit getrennte Offenheit und Bewusstheit. Es gibt keine von der Bewusstheit getrennte Klarheit und Offenheit.

Bodhicitta, Tib. *byang chub gyi sems:* Erleuchtungsgeist; eine auf die Erleuchtung aller Lebewesen gerichtete Geisteshaltung.

Bodhisattva, Tib. *byang chub sems dpa':* Jemand, der sich zum Ziel gesetzt hat, alle Lebewesen vom Kreislauf des Leidens zu befreien.

Bönpo, Tib. *bon po:* Jemand, der Bön-Rituale ausübt. Bön war die herrschende Religion in Tibet, bevor Guru Padmasambhava den Buddhismus einführte.

Buddha, Tib. *sangs rgyas*: 1. Der historische Buddha Shakyamuni, Begründer des Buddhismus. 2. Vollkommen erwachtes Wesen, das sämtliche geistigen Schleier gereinigt *(sangs)* und alle guten Eigenschaften vervollkommnet hat *(rgyas)*.

Buddha-Geist: Der vollkommen erwachte Geist, der allen Lebewesen innewohnt.

Chakrasamvara, Tib. *mkhor lo bde mchog:* Tantrische Yidam-Gottheit. Sie verkörpert die Einheit des universellen männlichen Prinzips »Methode-Große-

Glückseligkeit« *(thabs bde ba chen po)* mit dem universellen weiblichen Prinzip »Weisheit-Offenheit/Leerheit« *(shes rab stong pa nyid)*.

Dakini, Tib. *mkha' 'gro ma:* 1. Eine weibliche Praktizierende, die höchste Verwirklichung erreicht hat. 2. Göttin in einem reinen Gefilde. (Bö) 3. Spirituelles Wesen, das die tantrische Lehre schützt und verbreiten hilft. 4. Weltliche Dakinis: Geister, die Praktizierenden gegenüber positiv oder negativ gesinnt sind.

Khenpo Chödrag zufolge war dieses Wort im Sanskrit eher negativ besetzt und entsprach in etwa dem westlichen Begriff der Hexe.

Dharma, Tib. *chos:* Buddhas Lehre zur Befreiung vom Leid im Kreislauf des bedingten Daseins.

Dharmakaya, Tib. *chos sku:* Körper der letztendlichen Wirklichkeit, Offenheit-Leerheit; einer der drei Buddha-Körper.

Drei Buddha-Körper, Tib. *sku gsum:* Dharmakaya, Sambhogakaya und Nirmanakaya.

Drei Juwelen, Tib. *dkon mchog gsum:* Buddha, Dharma und Sangha; die dreifache Zuflucht der Buddhisten. Der Buddha ist eine echte Zuflucht, weil er frei von Leid ist, das Dharma, seine Unterweisungen, weil es den Weg zur Befreiung von Leid erklärt, und die Sangha, die Gemeinschaft der Praktizierenden, weil sie auf diesem Weg behilflich sein kann.

Drei samsarische Reiche, Tib. *khams gsum:* Die Reiche der Sinnlichkeit *('dod khams)*, der subtilen Form *(gzugs khams)* und der Formlosigkeit *(gzugs med khams)*.

Drei Tore, Tib. *sgo gsum:* Körper, Rede und Geist.

Dzo: Eine Kreuzung von Yak-Stier und gemeiner Kuh.

Engster Schüler und Herzensschüler, Tib. *nye ba'i sras, thugs sras:* Beide haben sämtliche Unterweisungen erhalten und sind Träger der Überlieferungslinie. Die Herzensschüler haben selbst Schüler, während die engsten Schüler keine oder nur wenige haben. Milarepa hatte acht Herzensschüler, dreizehn engste Schüler und vier große Schülerinnen. Diese fünfundzwanzig waren alle Siddhas, vollkommen erwachte Meister.

Freiheiten und Reichtümer, Tib. *dal 'byor:* Achtzehn Voraussetzungen für die Dharma-Praxis, bestehend aus acht Freiheiten und zehn Reichtümern. Acht Freiheiten bedeutet das Freisein von acht ungünstigen Situationen: Ein Dasein in den Höllen, als Hungergeist, als Tier, als unzivilisierter Mensch, als langlebiger Gott sowie als Mensch mit falscher Philosophie, in einem Zeitalter ohne Buddha oder als geistig behinderter

Mensch. Zehn Reichtümer bedeutet, zehn günstige Bedingungen zu besitzen, von denen fünf persönlicher Art sind: Ein Dasein als Mensch, der an einem Ort geboren wurde, wo das Dharma gelehrt wird, aller Sinne mächtig, ohne mit den extrem negativen Verbrechen belastet zu sein, und mit Vertrauen in die Dharma-Lehre. Ferner müssen fünf allgemeine Bedingungen erfüllt sein: Dasein in einem Zeitalter, in dem Buddhas erschienen sind, die das Dharma lehren, welches die Zeiten überdauert und von Schülern praktiziert wird, die mitfühlende Liebe für andere empfinden. Sind diese achtzehn Bedingungen erfüllt, spricht man von einem kostbaren Menschendasein.

Gallekrankheiten, Tib. *mkhris pa:* Eine der drei Krankheitsgruppen in der tibetischen Heilkunst.

Ganachakra-Fest, Tib. *tshogs kyi 'khor lo:* Opferritual, bei dem man Speisen und Getränke darbringt. Es dient zur Entwicklung von Verdienst und Gewahrsein sowie zum Reinigen und Erneuern verletzter tantrischer Gelübde.

Garuda, Tib. *khyung:* Mythologischer Vogel, der mit vollentwickelten Flügeln ausschlüpft und sofort fliegen kann.

Gesammelte Vajra-Lieder, Tib. *mgur 'bum:* Milarepas Lebensgeschichte besteht aus zwei Teilen. Der erste Teil beschreibt seinen Lebenslauf und seine Befreiung *(mila'i rnam thar);* die gesammelten Vajra-Lieder *(mila'i mgur 'bum)* bilden den zweiten Teil und geben seine Unterweisungen wieder, die er drei Gruppen von Schülern gab: 1. Geistern, die ihn herausforderten (Geschichte 1–8). 2. seinen fünfundzwanzig wichtigsten Schülern, die vollkommene Verwirklichung erreichten (Geschichte 9–44). 3. seinen zahllosen anderen Schülern, die auf den verschiedensten Stufen spiritueller Entwicklung waren (Geschichte 45–61). Der Lebenslauf und die Vajra-Lieder sollen bereits zu Milarepas Lebzeiten von mehreren Schülern aufgezeichnet worden sein. Sie wurden jedoch erst im Jahre 1488 von Tsang Nyön Heruka, einem tibetischen Yogi, in die jetzige Form gebracht.

Gesche, Tib. *dge bshes:* Freund der Tugend oder spiritueller Freund; auch ein Titel für einen buddhistischen Gelehrten der Khadampa- und später der Gelugpa-Schule.

Gestörte Gefühle, Tib. *nyon mongs,* skt. *klesha:* Geistige Muster, die das Denken nie zur Ruhe kommen lassen, da sie Körper und Geist mit Problemen plagen, uns zermürben und zu negativen Handlungen verleiten (Bö). Begierde, Wut, Blindheit, Stolz und Eifersucht sind die wichtigsten fünf Geistesgifte. Solange man unter ihrem Einfluss handelt, ist innere Freiheit unmöglich und Leiden unvermeidlich.

Gleichzeitig existierende Einheit, Tib. *lhan cig skyes sbyor:* Bezieht sich auf die Untrennbarkeit der drei Aspekte des Geistes: sein Wesen ist Gewahrsein, seine Natur ist Offenheit, und seine Eigenschaft ist Klarheit.

Grundlage: Siehe Basis.

Hevajra-Tantra, Tib. *rgyud dgyes pa rdo rje:* Ein Text mit Erklärungen zur Praxis der tantrischen Yidam-Gottheit Hevajra, der auch oft zum allgemeinen Verständnis des Vajrayana studiert wird.

Hinführende Belehrungen oder **hinführender Sinn**, Tib. *drang don:* Belehrungen, die zum letztendlichen, wahren Sinn *(nges don)* hinführen sollen.

Jambudvipa, Tib. *'dzam bu'i gling:* Unsere Welt.

Djetsün, Tib. *rje btsun:* Höfliche Anrede, etwa »Ehrwürdiger Herr«.

Kagyü, Tib. *bka' brgyud:* Mündliche Überlieferung; Schule des tibetischen Buddhismus, die auf die indischen Meister Tilopa und Naropa zurückgeht. Deren Lehren wurden von Marpa im 11. Jahrhundert in Tibet eingeführt und von dessen Hauptschüler Milarepa an Gampopa weitergegeben.

Karma, Tib. *las:* Die Lehre von Ursache und Wirkung in Bezug auf Handlungen. Der Buddha lehrte, dass alles, was wir mit Körper, Rede und Geist tun, eine Auswirkung auf unsere eigene Erfahrung hat, die wir entweder in diesem oder in einem zukünftigen Leben erleben werden. Positive Handlungen führen zu Glück, und negative Handlungen führen zu Leid.

Karmamudra, Tib. *las kyi phyag rgya:* Praxis mit einer tantrischen Gefährtin.

Kora, Tib. *skor ra:* Umwandlung oder Umschreitung. Nach buddhistischem Brauch werden Bauten wie Stupas, Tempel usw. oder ganze Berge wie der Berg Tise und heilige Personen wie Milarepa im Uhrzeigersinn umwandelt, um Verdienst anzusammeln.

Körperenergien, Tib. *rtsa rlung thig le:* Energiebahnen, Energiefluss und Vitalkraft oder Vitalessenz.

Lama, Tib. *bla ma:* Lehrer des tibetischen Buddhismus.

Lhodrag, Tib. *lho brag:* Gegend in Südtibet, wo Marpa lebte.

Lotsa oder Lotsawa, Tib. *lo tsa ba*: Bezeichnung für einen tibetischen Übersetzer, der Texte aus dem Sanskrit ins Tibetische übersetzte.

Mahamudra, Tib. *phyag rgya chen po:* Meditative Praxis, die zur Erkenntnis der Natur des Geistes und damit zur

Befreiung vom Kreislauf des bedingten Daseins führt.

Mahayana, Tib. *theg pa chen po:* Das große Fahrzeug. Buddhistische Schule, in deren Mittelpunkt das Bodhisattva-Ideal sowie die Lehre von der Offenheit-Leerheit aller Dinge steht.

Maitripa: Indischer Siddha; einer der beiden wichtigsten Lehrer des Marpa, von dem er die Mahamudra-Überlieferung erhielt.

Mamo, Tib. *ma mo:* Eine zornvolle Dakini.

Mandala: 1. Rituelle Darbringung des Universums. 2. Symbolische Darstellung aller Eigenschaften des erleuchteten Geistes.

Mantra, Tib. *sngags:* Das Rezitieren von Mantras ist eine meditative Methode, um den Geist aus seiner Anhaftung zu lösen.

Mara, Tib. *bdud:* Schwierigkeiten und Versuchungen, die der Praktizierende überwinden muss, um innere Befreiung zu erlangen. Siehe auch Vier Maras.

Marpa Lotsa, Marpa der Übersetzer; Marpa Lhodragpa, Marpa von Lhodrag (1012–1097): Dies sind verschiedene Namen von Milarepas Lama, einem Tibeter, der mehr als sechzehn Jahre in Indien verbrachte, die buddhistische Lehre studierte und praktizierte und danach in Tibet verbreitete. Er übersetzte viele Texte aus dem Sanskrit, die zum Teil im Tengyur, der großen tibetischen buddhistischen Textsammlung, enthalten sind.

Milarepa: Tibetischer Yogi. Bei seiner Geburt 1040 wurde er Töpaga genannt. Er praktizierte in seiner Jugend Magie und vernichtete viele Feinde. Später bereute er seine Taten, praktizierte die Lehre Buddhas und erreichte Buddhaschaft. Im Jahre 1077 besuchte er den berühmten Meister Marpa den Übersetzer. Um von ihm das Dharma zu erhalten, nahm er sechs Jahre und acht Monate lang große Härten auf sich, unter anderem errichtete er einen neunstöckigen Turm für den Sohn Marpas. Schließlich erhielt er alle Ermächtigungen und Unterweisungen. 1084, in seinem 45. Lebensjahr, ging er nach Kyidrong und Nyanang und praktizierte neun Jahre lang mit großer Standfestigkeit Askese, indem er nur eine Baumwollrobe trug und sich von Nesseln ernährte. So erlangte er in demselben Leben die höchste Verwirklichung. Danach wanderte er durch die Provinzen, gab geeigneten Schülern tantrische Unterweisungen und sang viele Vajra-Lieder über seine meditativen Erfahrungen. Er hatte zahlreiche Schüler, unter anderem Retschungpa und Gampopa. Er begründete die Tradition der Praxislinie und starb 1123. (Bö)

Mudra, Tib. *phyag rgya:* Geste, meistens der Hände. Kann sich auch auf verschiedene Praktiken beziehen, z. B. Karmamudra, Mahamudra.

Nach-Meditation, Tib. *rjes thob:* Das Bemühen, die meditative Erfahrung zwischen den formellen Meditationssitzungen aufrechtzuerhalten.

Namo Guru: Zufluchtsformel in Sanskrit; »Ich nehme Zuflucht zum spirituellen Meister« oder »Ich verbeuge mich zum spirituellen Meister«.

Naropa (1016–1100): Indischer Siddha, einer der beiden wichtigsten Lehrer von Marpa; der andere war Maitripa.

Niedere Daseinsbereiche, Tib. *ngan song:* Die Bereiche der Tiere, Hungergeister und Höllenwesen.

Nirmanakaya, Tib. *sprul sku:* Ausstrahlungskörper. Er ist einer der drei Buddha-Körper und bezieht sich auf den Formaspekt der Erscheinungen. In Tibet wird dieser Begriff auch für inkarnierte Lamas verwendet.

Nirvana, Tib. *mya ngan las 'das pa:* Befreiung vom Leid des bedingten Daseins.

Offenheit, Tib. *stong pa nyid,* Skt. *shunyata:* In dieser Übersetzung wird dieser zentrale Begriff des Mahayana-Buddhismus mit »Offenheit« wiedergegeben, um nihilistische Assoziationen, die mit der Übersetzung als »Leerheit« einhergehen könnten, zu vermeiden. Als Adjektiv haben wir »offen« oder »offenleer« verwendet.

Padmasambhava: »Der Lotus-Geborene«, in Tibet oft Guru Rinpotsche, der zweite Buddha, genannt. Ein großer tantrischer Meister aus Indien, der vom tibetischen König Trisong Deutsen im 8. Jh. nach Tibet eingeladen wurde und dort das Dharma, insbesondere das Vajrayana, einführte. Seine Tradition wird heute hauptsächlich von der Nyingma-Schule weitergeführt.

Qualitäten oder **Dharma-Qualitäten**, Tib. *yon tan:* Bezieht sich auf die dem erleuchteten Geist innewohnenden Eigenschaften. Sie kommen in dem Ausmaß zum Vorschein, wie sich die geistigen Schleier begrifflicher Fixierung durch meditative Praxis auflösen.

Repa, Tib. *ras pa:* »Einer, der Baumwolle trägt«. Ein tantrischer Yogi, der durch die Praxis von Tummo die inneren Elemente ins Gleichgewicht bringt und dadurch nicht unter den äußeren Elementen leidet bzw. der durch die Praxis mit den Körperenergien die letztendliche Natur des Geistes zu verstehen trachtet.

Sadhana, Tib. *sgrub thabs:* Tantrische Meditation über eine Yidam-Gottheit, bestehend aus den Entwicklungs- und Vollendungsmethoden. Ziel ist die Erkenntnis der Natur des Geistes.

Sambhogakaya, Tib. *longs sku:* Körper der reinen Freude; einer der drei Buddha-Körper.

Samsara, Tib. *'khor ba:* Ein zwanghafter Kreislauf, der durch Unwissenheit, dualistische Wahrnehmung, gestörte Emotionen und unter diesen Einflüssen ausgeführten Handlungen (Karma) genährt und aufrechterhalten wird.

Sangha, Tib. *dge 'dun:* Buddhistische, spirituelle Gemeinschaft.

Sechs Daseinsbereiche, Tib. *rigs drug:* Die Bereiche der Götter, Antigötter, Menschen, Tiere, Hungergeister und Höllenwesen.

Sechs Paramitas, Tib. *pha rol du phyin pa drug:* Freigebigkeit, Disziplin, Geduld, Ausdauer, Konzentration und Weisheit. Diese sechs Eigenschaften muss ein Schüler auf dem Weg zur Befreiung vervollkommnen.

Sechs Wahrnehmungen oder **Wahrnehmungsarten**, Tib. *tshogs drug:* Bezieht sich auf die Wahrnehmung durch die fünf Sinne sowie den Verstand.

Sechs Yogas des Naropa, Tib. *na ro chos drug:* Dies bezeichnet sechs tantrische Praktiken: Innere Wärme *(gtum mo)*, Illusionskörper *(sgyu lus)*, Traum-Yoga *(rmi lam)*, Luminosität *('od gsal)*, Bewußtseins-Übertragung *('pho ba)*, Bardo-Praxis *(bar do)*.

Selbstexistierendes Urbewusstsein, Tib. *rang byung ye shes:* Seit jeher in allen Wesen vorhandenes Gewahrsein (Bö). »Selbstexistierend« bedeutet, dass es von niemandem geschaffen wurde.

Shakyamuni: Der historische Buddha unseres Zeitalters, der im 5. Jh. v. Chr. lebte und die buddhistische Lehre begründete.

Sicht, Tib. *lta ba:* Bedeutet den eigenen Geist betrachten und seine wahre Natur erkennen.

Siddha, Tib. *grub thob:* Jemand, der alle außergewöhnlichen Erkenntnisse des spirituellen Weges, das höchste und die gewöhnlichen Siddhis, erlangt hat.

Siddhi, Tib. *dngos grub:* Verwirklichung. Das höchste Siddhi ist die Verwirklichung von Mahamudra, d. h. volles Verständnis der Natur des Geistes, gleichbedeutend mit Erleuchtung. Die gewöhnlichen Siddhis sind besondere Kräfte und Fähigkeiten, wie z. B. Hellsichtigkeit. Sie heißen gewöhnlich, weil sie auch erlangt werden können, ohne die Natur des Geistes verstanden, d. h., ohne die fundamentale Täuschung dualistischer Wahrnehmung überwunden zu haben.

Sieben edle Reichtümer, Tib. *'phags pa'i nor bdun:* Vertrauen *(dad pa)*, Selbstdisziplin *(tshul khrims)*, Großzügigkeit *(gtong ba)*, Studium *(thos* *pa)*, Gewissen *(ngo tsha shes pa)*, Scham *(khrel yod pa)* und Intelligenz *(shes rab)*.

Sieben spirituelle Schätze: Siehe sieben edle Reichtümer.

Sravakas und **Pratyekas**, Tib. *nyan (thos dang) rang (sangs rgyas):* Zuhörer und Alleinverwirklicher; Stufen der Verwirklichung im kleinen Fahrzeug.

Sutra, Tib. *mdo:* Belehrungen des Buddha Shakyamuni.

Tantra, Tib. *rgyud:* Texte, die von der ursprünglichen Reinheit der Natur des Geistes handeln und Methoden zu deren Erkenntnis zeigen. Sie sind die Grundlage des Vajrayana.

Tathagata, Tib. *de bzhin gshegs pa:* Bezeichnung für die Buddhas. Jemand, der auf dem Weg der letztendlichen Wirklichkeit, die jenseits der Extreme von Samsara und Nirvana liegt, zum großen Erwachen gelangt ist. (Bö)

Thigle, Tib. *thig le:* Vitalessenz oder Vitalkraft, wenn der Begriff im Zusammenhang mit den Körperenergien gebraucht wird.

Tilopa (988–1069): Indischer Siddha, der Lehrer von Naropa.

Torma, Tib. *gtor ma:* Opferkuchen.

Tsampa, Tib. *tsam pa* oder *phye:* Röstmehl; tibetisches Grundnahrungsmittel, bestehend aus zuvor geröstetem, gemahlenem Getreide, meist Gerste.

Tsang Nyön Heruka (1452–1507): Auch Rüpe Gyen oder Sangye Gyaltsen genannt. Tibetischer tantrischer Yogi, der im Jahre 1488 Milarepas Lebensgeschichte und die gesammelten Vajra-Lieder niederschrieb.

Tulku, Tib. *sprul sku:* In Tibet wird dieser Begriff u. a. für inkarnierte Lamas verwendet.

Tummo oder Tummo-Wärme, Tib. *gtum mo:* Innere, durch Meditation entwickelte Wärme.

Ü und Tsang, Tib. *dbus gtsang:* Provinzen in Zentral- bzw. Südtibet.

Urgrund: Siehe Basis.

Urgyen: Ein reines spirituelles Reich.

Vajra, Tib. *rdo rje:* Symbol der Unzerstörbarkeit.

Vajradhara, Tib. *rdo rje chang:* Symbolische Verkörperung der letztendlichen Wirklichkeit.

Vajra-Eid, Tib. *dam tshig:* Ein feierlicher Schwur, bei dem man verspricht, seine tantrischen Gelübde nicht zu verletzen.

Vajra-Lied, Tib. *mgur* oder *nyams mgur:* Ein Lied, das meditative Erfahrungen wiedergibt und das Dharma zum Inhalt hat.

Vajravarahi, Tib. *rdo rje phag mo:* Eine Form von Vajrayogini; sie ist besonders wichtig in der Kagyü-Schule, da sie hier eng mit der Tummo-Praxis verknüpft ist.

Vajrayana, Tib. *rdo rje theg pa:* Ein Zweig des Mahayana; er beinhaltet die Anwendung spezieller, in den Tantras überlieferter Methoden, durch die der spirituelle Reifungsprozeß beschleunigt werden kann.

Vajrayogini, Tib. *rdo rje mal 'byor ma:* Weibliche tantrische Yidam-Gottheit; sie verkörpert das universelle weibliche Prinzip »Weisheit-Offenheit/Leerheit« *(shes rab stong pa nyid).*

Vier Beschäftigungen, Tib. *spyod lam rnam bzhi:* Sitzen, Stehen, Gehen und Liegen.

Vier Ermächtigungen, Tib. *dbang bzhi:* Damit ermächtigt ein Lama seinen Schüler, über eine tantrische Yidam-Gottheit zu meditieren.

Vier grenzenlose Tugenden, Tib. *tshad med bzhi:* Liebe, Mitgefühl, Freude und Unparteilichkeit.

Vier Maras, Tib. *bdud bzhi:*

1. »Herr des Todes« (alles, was die spirituelle Praxis unterbricht).
2. Daseinsgruppen (die fünf Skandhas: Körper, Empfindung, Wahrnehmung, Geistesregungen und Bewusstsein, die zum Fehlschluß führen, dass ein »Ich« wirklich existiert).
3. Emotionen (unter den Einfluss der gestörten Gefühle geraten).
4. »Götterkind« (Verhaftetsein an Sinnesfreuden und meditative Erfahrungen).

Unter dem Einfluss der vier Maras wird man von spiritueller Praxis und Befreiung abgehalten und irrt weiter im Daseinskreislauf umher.

Weg der Methoden, Tib. *thabs lam:* Bezieht sich auf die speziellen tantrischen Methoden wie die sechs Yogas usw., die im Vajrayana gelehrt werden.

Wurzel-Lama, Tib. *rtsa ba'i bla ma:* Der Lehrer, mit dem ein Schüler des Vajrayana die engste Verbindung hat und durch dessen Segen er die Natur des Geistes von innen erkennt und versteht.

Yak: Tibetisches Tragetier.

Yidam-Gottheit, Tib. *yi dam:* Tantrische Meditationsgottheit, die die Qualitäten des erleuchteten Geistes versinnbildlicht.

Yoga, Tib. *rnal 'byor:* Meditationspraxis für Körper, Rede und Geist.

Yoga-Stufe, Tib. *rnal 'byor:* Spirituelle Entwicklungsstufe; im Mahamudra-System werden zwölf solcher Stufen beschrieben: drei Stufen der Einsgerichtetheit, drei der Einfachheit, drei des Ein-Geschmacks und drei der Nicht-Meditation.

Yogi, Tib. *rnal 'byor pa:* Praktizierender einer spirituellen Tradition.

Yogische Handlungsweise oder **heroisches Verhalten**, Tib. *brtul zhugs spyod pa:* Dieser Begriff bezeichnet eine Praxis, mit der ein Yogi seine Entwicklung vorantreibt. Die kleine yogische Handlungsweise wird zwischen dem »Weg der Verbindung« und dem »Weg des Sehens« geübt, die große yogische Handlungsweise zwischen der siebten und achten Bodhisattvastufe.

Abkürzung im Glossar und in den Anmerkungen:

Bö – *Bod rgya tshig mdzod chen mo*, Großes tibetisch-chinesisches Wörterbuch, Beijing 1985

Weitere Bücher des Norbu Verlags

Mahamudra
Das Licht des wahren Sinnes

Ein praxisbezogener Überblick über den Mahamudra-Weg

mit einer ausführlichen Biographie von Djamgön Kongtrül und den Lebensgeschichten der wichtigsten Mahamudra-Linienhalter

gebundene Ausgabe, 1 Lesebändchen

387 Seiten | € 28,90

ISBN 978-3-944885-00-1

Gendün Rinpoche

Herzensunterweisungen eines Mahamudrameisters

mit ausführlicher Biografie von Gendün Rinpoche

gebundene Ausgabe mit Schutzumschlag, 1 Lesebändchen

288 Seiten | € 21,90

ISBN 978-3-940269-03-4

Gampopa

Die kostbare Girlande für den höchsten Weg

Mündliche Unterweisungen von Djetsün Gampopa

Taschenbuch

104 Seiten | € 14,90

ISBN 978-3-944885-02-5

Lodjong
Der große Weg des Erwachens

Grundlagentexte des Mahayana-Geistestraining

mit einer ausführlichen Biographie von Djamgön Kongtrül und den Lebensgeschichten der wichtigsten Mahamudra-Linienhalter

gebundene Ausgabe mit Schutzumschlag, 2 Lesebändchen

416 Seiten | € 28,90

ISBN 978-3-940269-02-7

Gendün Rinpoche

Der große Pfau

Die Umwandlung der Emotionen

im tibetischen Buddhismus

Taschenbuch

144 Seiten | € 14,90

ISBN 978-3-940269-01-0

Gampopa

Der kostbare Schmuck der Befreiung

gebundene Ausgabe mit Schutzumschlag, 2 Lesebändchen

304 Seiten | € 26,90

ISBN 978-3-940269-00-3

Karmapa Rangdjung Dordje

Das Mahāmudrā-Wunschgebet des Wahren Sinnes

Broschüre

20 Seiten | € 6,00

ISBN 978-3-944885-05-6

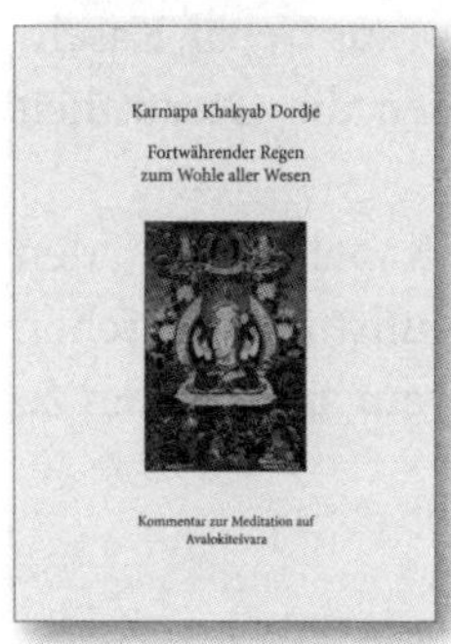

15. Karmapa Khakyab Dordje

Fortwährender Regen zum Wohle aller Wesen

Kommentar zur Meditation auf Avalokiteśvara

Broschüre

32 Seiten | € 8,00

ISBN 978-3-944885-06-3

Texte zur Meditationspraxis finden Sie auf unserer Webseite

NORBU VERLAG

Norbu Verlag GbR
Klemmbachstr. 39, D-79410 Badenweiler
Tel.: +49 – (0) 76 32 - 59 66
E-Mail: info@norbu-verlag.de
Web: www.norbu-verlag.de

Entdecken Sie buddhistische Kunst in Greyerz

Im Herzen der mittelalterlichen Stadt Greyerz beherbergt das Tibet Museum, welches im April 2009 von der Alain Bordier Stiftung eröffnet wurde, eine Sammlung von aussergewöhnlicher Qualität. Diese wurde von Alain Bordier mit viel Sorgfalt und Respekt zusammengestellt und umfasst mehr als 300 Kunstwerke aus der Großregion des Himalaya. Die ausgestellten Skulpturen, Gemälde und rituellen Gegenstände stammen teilweise aus dem Tibet – wie das Thangka, das als Vorlage für das Cover dieses Buches dient –, aus Nepal, Kaschmir, Nordindien sowie Burma und repräsentieren die Gesamtheit buddhistischer Gottheiten.

Ein historisches Gebäude mit seiner alten Kapelle bietet den idealen Rahmen, um in die Schönheit dieser Kunst einzutauchen und diese komplexen Kunstwerke in aller Ruhe auf sich wirken zu lassen.

Auskünfte:

TIBET MUSEUM
Fondation Alain Bordier
Rue du Château 4
1663 Gruyères (Schweiz)

Tel. +41 (0)26 921 30 10
Fax +41 (0)26 921 30 09

info@tibetmuseum.ch
www.tibetmuseum.ch